O Que Fazer Quando Nada Acontece?

KAIRÓS

Quando Deus não tem pressa

O Que Fazer Quando Nada Acontece?

KAIRÓS
Quando Deus não tem pressa

Reinaldo de Almeida

ROKA
EDITORA

ISBN: 85-866309-26-5

Produção e Diagramação
José Luiz Bugallo
Mauricio Tramonte

2000

EDITORA C ROKA LTDA.
Rua Dr. Veiga Filho, 698
CEP 01229-001 – São Paulo – SP
Tel/Fax: (011) 3667-4861 / 3662-3475
e-mail: roka@macbbs.com.br
www.editoraroka.com.br

Impresso no Brasil
Printed in Brazil

Tudo tem a sua ocasião própria,
e há tempo para todo propósito debaixo do céu.
Tempo para nascer, e tempo de morrer;
Tempo para plantar, e tempo para arrancar o que foi plantado;
Tempo para matar, e tempo para sarar;
Tempo para demolir, e tempo para construir;
Tempo para chorar, e tempo para rir;
Tempo para gemer, e tempo para dançar;
Tempo para lançar pedras, e tempo para ajuntá-las;
Tempo para dar abraços, e tempo para apartar-se;
Tempo para procurar, e tempo para perder;
Tempo para guardar, e tempo para jogar fora;
Tempo para rasgar, e tempo para costurar;
Tempo de estar calado, e tempo para falar;
Tempo para amar, e tempo para odiar;
Tempo para guerra, e tempo para a paz.
... tudo fez Deus formoso, no seu devido tempo.
Aquilo que é, já existia, e aquilo que há de ser, já existiu;
Deus chama de novo o que passou.

(O Pregador - Capítulo 3)

Senhor, tu tens sido o nosso refúgio de geração em geração.
Antes que se formassem as montanhas, a terra e o universo, sim, de eternidade a eternidade tu és Deus.
Tu reduzes o homem ao pó, e dizeis: "Filhos dos homens, retornai ao pó!".
Porque mil anos aos teus olhos, são como o dia de ontem que já passou
Como uma só vigília da noite.
Tu os leva como por uma torrente; são como um sonho da manhã;
de manhã são como a erva que cresce; de manhã cresce e floresce;
À tarde corta-se e seca.
Sim, somos consumidos pela tua severidade,
E acabrunhados pela vossa cólera.
Colocastes diante de ti as nossas culpas,
E os nossos pecados ocultos diante de teus olhos.
Pois todos os nossos anos vão passando na tua indignação;
Acabam-se os nossos anos como um sopro.
A duração da nossa vida é de setenta anos;
os mais fortes chegam aos oitenta.
A maior parte deles, canseira e enfado.
Pois passa rapidamente e nós voamos.
Quem conhece o poder de tua ira?
E a tua cólera segundo o temor que te é devido?
Ensina-nos a contar os nossos dias de tal maneira
que alcancemos corações sábios.

Agradecimento

Quero agradecer a Deus por estas experiências compartilhadas aqui.

Minha prima Sandra, por compartilhar suas lutas comigo.

Agradeço aos irmãos em fé da "Igreja Recomeçar em Cristo", por suas orações, para que este projeto se realizasse. Ao casal de irmãos, Orlando e Rosy, sem eles este livro, talvez, ainda estivesse na memória do meu computador, esperando o Kairós de Deus.

E nossa editora, à quem, carinhosamente, chamamos de D. Maria do Carmo Payá.

À minha esposa Cristina, que me acompanha fielmente em minhas jornadas, na missão que Deus me deu – obrigado por me agüentar!

E ao Wellington, meu irmão, que fez a primeira revisão e digitação deste manuscrito, quando da primeira vez que eu tentava publicá-lo.

Índice

Prefácio

"Deus tem um plano para sua vida!". Este não é somente um chavão positivista que usamos para convencermos os mais desanimados com a vida. Cremos nisto!

A verdade é que todos nós fomos chamados por Deus para realizar uma missão dentro de seus propósitos.

Por certo, o fato de crermos que Deus tem um propósito para as nossas vidas é o que dá sentido à nossa existência e isso nos empurra para frente, para a vida. Isto também além de ser um conceito totalmente bíblico, é historicamente comprovado.

Ficamos plenamente convictos disto quando olhamos para a história da humanidade.

Homens e mulheres que apareceram no cenário mundial, em momentos cruciais, e causaram mudanças fundamentais na vida política, econômica e social de milhões de pessoas. Algumas delas apareceram e ficaram por algum tempo, outras apareceram, e sumiram. Algumas deixaram um rastro de tragédia, outras contribuíram a ponto de amenizar o sofrimento humano.

A história da civilização é basicamente feita por pessoas, que marcaram presença aqui, e mesmo depois de mortas, seus nomes fazem ecos de suas obras.

Alexander Fleming, "o pai da penicilina", descobriu o antibiótico em 1928, e só Deus sabe quantas pessoas não morreram das várias doenças transmissíveis que remédios à base de penicilina puderam destruir nestes últimos setenta e dois anos.

Lembro me de quando a televisão anunciou o falecimento de Albert Sabin, o médico que aperfeiçoou a vacina contra a paralisia infantil, tornando- a mais acessível às pessoas, principalmente às crianças.

No Brasil, na área da saúde também tivemos homens que fizeram história, como Carlos Chagas, que pesquisou, descobriu, e combateu a doença que hoje é conhecida pelo seu sobrenome, a doença de Chagas. Temos a vida de Osvaldo Cruz, médico sanitarista e cientista brasileiro que foi o responsável pela erradicação da febre amarela, da varíola e da peste bubônica no Rio de Janeiro, promoveu também a reforma no código sanitário do país e remodelou os órgãos de saúde, gerando um grande avanço no setor.

Infelizmente, poucas pessoas apareceram nestes últimos anos, com o mesmo empenho e idealismo, mas enfim, Osvaldo Cruz ajudou a amenizar o sofrimento no nosso país.

Homens como estes, geram em nós um sentimento de gratidão a Deus por suas vidas e pelas ações que praticaram.

No cenário político recente, tivemos também grandes personalidades.

Em 1985, Mikhail Gorbatchov, assumiu o poder na antiga União Soviética, implantando a "glasnost" (uma política de transparência e abertura econômica na União Soviética) conduzindo o cenário mundial à uma nova realidade política, econômica e até geográfica. Os muros de Berlim caíram, e a Guerra Fria chegava ao seu percurso final.

No ano de 1989 o líder religioso do Tibete, Dalai Lama, recebeu o Prêmio Nobel da Paz, por suas crênças e por suas ações políticas pacificas; liderou seu povo por muitos anos em seu país, inclusive resistindo pacíficamente ao domínio chinês naquela parte do mundo.

Enquanto isso, Nelson Mandela, de dentro de sua cela, juntamente com seus amigos revolucionários, continuava a combater a política do "aparthaid" na África do Sul; vinte sete anos dentro de uma prisão, para depois em maio de 1994 ser posto em liberdade e se tornar o primeiro presidente negro, eleito pelo voto direto pela população de seu país.

Tenho pensado, durante estes dias que tenho pesquisado, sobre estas pessoas, no fato de que, muitas delas passaram por momentos difíceis de provação, antes de assumir posições de destaque na sociedade. Pensar que um homem como Mandela passou 27 anos de sua vida em uma prisão onde foi maltratado, espancado, humilhado, separado de sua família, e depois saiu de lá e teve coragem de liderar uma nação dos quais muitos de seus cidadãos foram seus algozes, e que tiveram que aceitá-lo como seu presidente! Isso sem falar que, tanto tempo assim dentro de uma prisão deveria tê-lo feito desistir de seus sonhos, planos e ideais. Deveria tê-lo deixado amargurado com a sociedade, com a vida, quem sabe até torná-lo um terrorista, ou no mínimo, um bandido de alta periculosidade.

Mas não, hoje ele é reconhecido como um estadista que busca acordos e reconciliações no continente africano.

A Bíblia também registra histórias impressionantes de homens e mulheres que enfrentaram situações difíceis antes de serem elevados à posições de liderança e poderem ser canais de bênçãos na vida das pessoas. Olhe para José, filho de Jacó, de preso e encarcerado pelo seus próprios irmãos, se tornou autoridade no Egito. Moisés, de pastor de gado, foi libertador de seu povo escravizado, e conduziu seu povo para uma terra de liberdade. Davi, apascentava as ovelhas de seu pai Jessé, sendo ainda um obscuro jovem camponês, que depois se tornou o grande monarca de seu povo. A estrela de Davi, ainda nos dias de hoje, tremula na bandeira do Estado de Israel debaixo do céu de Jerusalém.

Entretanto, estas pessoas foram usadas dentro do espaço limitado de tempo de vida que tiveram, e fizeram bom uso deste tempo. Porém, ninguém ficou em evidência o tempo todo, nem mesmo o próprio Jesus Cristo, um humilde e jovem carpinteiro que não escreveu livros, nem viajou mais do que trezentos km longe de seu país, não foi nenhum grande político, porém o cristianismo hoje, é a maior religião sobre a face da Terra e depois de vinte séculos em que a perseguição, as contradições, as heresias, a política interesseira, não permitiram que as doutrinas, filosofias, parábolas e verdades ensinadas pelo jovem de Nazaré fossem esquecidas e continuam a influenciar a vida de milhões de pessoas em todo o mundo.

O ministério de Jesus Cristo e sua vida pública foram de aproximadamente três anos e meio, isso porque houve um período longo de obscuridade em sua vida, isto é, dos doze aos vinte nove anos, dos quais nada sabemos, e que tem levado a muitas teorias especulativas dos críticos e estudiosos.

O tempo "obscuro" de nossas vidas é o período mais difícil de entendermos. Porém o uso que faremos dele, é o que determinará a qualidade de nosso serviço para Deus e também para as pessoas com quem vivemos. Ou seja, o que fazemos neste tempo de obscuridade, provação e lutas; a maneira como vivemos este período de aparente esquecimento e solidão; o tédio, a rotina do dia a dia; o modo como enfrentamos as dificuldades; o tipo de semente que plantamos nestas ocasiões de adversidades; a maneira como tratamos e nos relacionamos com as pessoas em épocas de crises, é que vai determinar a qualidade do nosso serviço para Deus e para as pessoas.

Há períodos em nossas vidas, que fatos acontecem e que como uma tempestade, desabam sobre nós, levando-nos à tentação de enterrarmos os nossos sonhos.

A narração bíblica é fiel ao nos mostrar que, antes de começarmos a entender o plano de Deus para nossas vidas, esta época obscura, é o período em que Deus está nos preparando, nos lapidando, nos burilando, nos treinando; e este tempo pode se expressar num processo doloroso de perdas, conflitos pessoais, ansiedades, aparentes fracassos, temores, perplexidade; ás vezes, não conseguimos entender a razão de tudo isso.

O que falar dos anos em que Abraão esperou o nascimento milagroso de seu filho Isaque? Sendo ele idoso, e sua esposa Sara além de idosa também era estéril, sua fé e paciência foram testados. Porém, Deus havia prometido, e Abraão sabia que Deus não poderia mentir, por isso esperou vinte e cinco anos pelo milagre do nascimento do filho.

E os quarenta anos de Moisés em Midiã, perplexo, confuso, frustrante, apascentando os gados de seu sogro? Ele que tinha sido criado no palácio de faraó, recebido a melhor e a mais avançada educação daquela época; cercado de conforto e mordomia por todos os lados. De repente, se viu fugindo para o deserto, onde passou quarenta anos de sua vida sendo burilado, lapidado, trabalhado pelo próprio Deus.

E os anos de inveja, perseguição e cárcere injusto, sofridos por José, filho de Jacó, o patriarca da nação israelita? Mais tarde a política de abastecimento não salvou só sua própria família, como também, toda a nação egípcia.

E a violenta perseguição que Davi sofreu de Saul, longe de sua família, dormindo em campos e cavernas, fugitivo e exilado muitas vezes, peregrinando em terra estranha, até que se tornou o rei de Israel, o que tinha sido prometido por Deus a ele, muitos anos antes através do profeta Samuel.

Temos aprendido que nada acontece por obra do acaso. A força interior, a fé, a esperança, o amor, exigem um solo peculiar para poder brotar. Estas virtudes não brotam em meio a festas, alegrias e extravagâncias. Só brotam em meio a dor, a aflição, a dificuldade e provação.

Pois bem, o importante é saber como viver este período difícil de tempo, como investir nele, e o que fazer para não ficarmos perdendo tempo.

De uma forma intensa ou não, todos nós passamos por períodos assim.

Dizem que não há nada de mau em ser uma planta com florescimento tardio, contanto que não se perca a exposição de flores.

Este livro pretende ajudá-lo a não perdê-la.

Capítulo 1

O Tempo

"O tempo é a imagem móvel da eternidade imóvel"
Platão 428-348 a.C

"Ensina-nos a contar os nossos dias, para que alcancemos corações sábios."
(Sal.90:12)

"Tempo é dinheiro!"

Esta é a definição que o mundo secular tem a respeito do tempo.

Em 1921, nove homens, dentre os mais prósperos se reuniram num hotel, em Chicago, nos Estados Unidos, um deles era o diretor de um grande monopólio, o outro, grande produtor de vigas de aço, o outro, especulador da Bolsa de Nova York, o outro era presidente da maior indústria siderúrgica privada, o outro era presidente da maior companhia de prestação de serviços de utilidade públicas, o outro era membro do gabinete presidencial, o outro presidente do Banco Internacional Settlements, o outro presidente da Bolsa de Valores de Nova York, e finalmente o maior plantador de trigo do país. Estourou um escândalo no país, e eles estavam envolvidos, e em 1929 veio a Grande Depressão, a bancarrota e a falência foram inevitáveis.

Alguns anos mais tarde, como se encontravam estes homens? Três deles se suicidaram, outros três ficaram sem um dólar no bolso, um ficou louco, e outros dois foram presos.

Deve existir uma maneira melhor para definir o tempo.

Jesus disse que a vida do homem não consiste na abundância dos bens que possui (Lucas 12:15); ele disse também, que louco é aquele que entesoura riquezas para si mesmo, e não é rico para com Deus (v.21).

Mas, o que é o tempo? Tempo é a sucessão de segundos, minutos, horas, e anos que temos para viver. Obviamente esta é uma definição bastante simplificada da palavra "tempo". É o passado, o presente e o futuro numa seqüência linear contínua. É uma dádiva de Deus para nós. Por isso é muito importante o modo como nós o usamos. E conseqüentemente, Deus pedirá conta da forma como o investimos.

Você já parou para pensar no valor do seu tempo? Já parou para pensar que só existe esta oportunidade de vida para se viver? Que é esta a tua única chance de marcar esta geração com alguma coisa que realmente tenha valor? Que o momento é agora?

Vejamos alguns exemplos:

Muitas pessoas já viveram e já deixaram este mundo, mas algumas viveram de tal maneira que mesmo depois de partirem, suas vidas ainda continuam exercendo um impacto tremendo sobre as vidas de outros é até de várias gerações posteriores da sociedade que eles viveram. E por quê? Porque elas souberam aproveitar cada momento de suas vidas. E mais, o importante não é quanto tempo uma pessoa vive, mas o quanto ela viveu com sabedoria. Sua qualidade de vida. Suas ações e obras. Não é o número de aniversários que ela fez, e sim o que ela realizou em favor das pessoas, e num âmbito mais amplo, da humanidade.

Jesus morreu aos trinta e três anos, iniciou a maior religião de todos os tempos; Alexandre o grande, rei da Macedônia, morreu prematuramente, aos trinta e dois anos, sua curta carreira alterou o rumo da história, João Huss morreu aos quarenta e seis anos; Martin Luther King Jr., aos trinta e nove; Jonh F. Keneddy, aos quarenta e seis.

O que eu quero dizer, é que, não é necessário você viver muitos anos para poder realizar algumas coisas de valor em sua vida. Mas a forma como você gasta o seu tempo é o que conta.

Entretanto, alguém poderá pensar: "Já estou velho o bastante para tornar-me um idealista, este assunto é para jovens que estão começando a vida e tem bastante tempo pela frente". Talvez haja até quem pense que, hoje em dia não exista mais este tipo de busca utópica por um ideal. Numa sociedade materialista e egoísta, não haja mais espaço para este tipo de busca. Mas a verdade é que, todos, sem exceção, buscam algo de significativo em sua vida. Até o mais humilde dos sonhadores.

Deus colocou no coração do ser humano este sentimento de busca; foi Deus quem colocou no homem o desejo de vencer! Portanto, se você acha que já está velho demais para pensar nisto, é engano seu!

Eu pergunto: com quantos anos estava Moisés quando foi chamado por Deus para conduzir o povo hebreu para a liberdade? Oitenta anos. Josué tinha quarenta anos de idade quando saiu do Egito e já era idoso quando se tornou o sucessor de Moisés.

No dia doze de março de 1930, Mahatma Gandhi caminhou trezentos e trinta e oito quilômetros, de Sabarmati até a praia do mar Índico para protestar ao Império Britânico, contra o monopólio e comercialização do sal indiano. Isso já com sessenta e um anos de idade.

O estadista e líder militar britânico Winston Churchill tinha aproximadamente sessenta e seis anos quando apareceu no cenário mundial, tendo participação decisiva no destino final da 2º Guerra Mundial. Sua determinação em derrotar o exército nazista, foi uma fonte de inspiração e uma força catalisadora para os soldados britânicos.

Todos estes homens marcaram sua época e realizaram mudanças fundamentais na História e na vida de milhares de pessoas, e isso dentro do limitado espaço de tempo de vida que tiveram e viveram.

Nelson Mandela, passou 27 anos de sua vida na prisão, e só se tornou um estadista e presidente da África do Sul com a idade bem avançada.

Nós fomos chamados por Deus para este momento e para esta época. Você não nasceu por obra do acaso. Sua vida nesta época foi planejada por Deus. A bíblia diz a respeito de Jesus Cristo: "vindo porém, a plenitude do tempo, Deus enviou seu Filho, nascido de mulher, nascido sob a Lei" (Gálatas 4:4); isto quer dizer que Jesus Cristo nasceu em uma época específica, "cronometrada" por Deus, planejada por Deus.

Da mesma forma é a razão de você estar aqui. Tudo foi planejado antecipadamente por Deus, porque Deus tem um plano para você, para que se cumpra nesta geração, nesta época. Existe um texto maravilhoso na bíblia, no livro de Jeremias, onde Deus diz ao profeta que, antes dele (o profeta) ter sido formado no ventre de sua mãe, Deus já o havia conhecido e separado este homem como profeta às nações.

Quando acreditamos nisso, nossa vida se reveste de um valor incalculável. É uma oportunidade única para se realizar algo, é um chamado do Criador, um legado de vida e transformação para cumprirmos nesta época e neste país; numa sociedade que necessita urgentemente de pessoas que tenham esta concepção de vida.

Precisamos de pessoas que causem mudanças!

Cada pessoa dentro de sua casa, sua comunidade, sua esfera de ação, tem esse chamado, essa missão: de ser um agente de transformação dentro do "espaço de tempo" em que Deus o colocou. E isto não depende da cor de sua pele, ou de sua conta bancária, ou da quantidade de diplomas dependurados em seu escritório, ou do sobrenome que você carrega. Isso depende exclusivamente de você!

Quando começamos a entender isso, crer nisso, nossa vida começa a se cingir de significados e valores que transcendem os problemas do "aqui e do agora". Começamos a encarar as dificuldades, como instrumentos de lapidação e treinamento para alvos mais sublimes.

É uma questão de tempo

Se observarmos bem a natureza, tudo nela tem o seu tempo próprio. As quatro estações do ano: verão, inverno, outono e primavera. As quatro fases da Lua: lua nova, minguante, lua cheia e crescente. Tempos de chuva e tempos de estiagem.

O feto no útero da mãe, precisa de nove meses para ficar completamente formado, de maneira que não haja temores e complicações na hora e posteriormente ao parto.

O agricultor sabe que tem que dar tempo para que a semente possa germinar e finalmente frutificar, e assim mesmo espera o momento certo para a colheita. Se ele antecipar isso tudo, poderá perder completamente seus investimentos.

As marés sobem e descem, seguindo um ritmo constante dentro de seu próprio tempo. As aves conhecem a época de sua migração, elas esperam o tempo certo para isso. O ciclo de fertilidade do homem e da mulher, a puberdade e a menopausa. São épocas e tempo que regem a vida na criação.

O tempo é algo maravilhoso quando começamos a entendê-lo.

A bíblia diz que Deus fez tudo maravilhoso no seu próprio tempo.

No inverno, olhamos para uma paisagem cinzenta, com o vento frio batendo em nosso rosto. Contemplamos uma árvore apenas com galhos expostos ao clima, a melancolia gerada pela ausência das folhas, sua beleza destituída pela falta de suas flores. Leva-nos a pensar que ela está feia, ou talvez até morta, mas é o ajuste dela ao tempo do inverno; é a época que ela está "descansando". Ela precisa do inverno, para isso.

Nossa vida é assim também. Existe um tempo adequado, para as coisas acontecerem. As adversidades, as alegrias, as vitórias e conquistas, contrastam, com as decepções e lutas que enfrentamos, de forma que torna a nossa vida mais rica e vigorosa.

Olhamos para trás e vemos momentos difíceis que atravessamos, mas que hoje lembramos, que, aquela fase era necessária, pois nos tornou mais maduros, mais estáveis, mais sólidos e experientes para batalhas e conquistas mais importantes.

Isto segue um ritmo constante dentro do tempo que vivemos e existimos.

Quando nossa vida interior se alinha ao tempo que estamos vivendo, e nos conscientizamos da necessidade de atravessarmos determinadas situações e nos harmonizamos a elas, o medo, a insegurança, o desespero são banidos ou no mínimo, menos intensos do que normalmente se experimentam. Um exemplo disso é a vida de Paulo, o apóstolo. Quase metade do Novo Testamento foi escrito por ele, e as cartas mais belas e mais profundas foram escritas no período em que ele estava preso em Roma. Temos também conhecimento das cartas e memórias de Gandhi, Nelson Mandela, Martin Luther King, que aproveitaram este tempo de prisão que estiveram e se harmonizaram à ele. Qualquer tempo, seja ele como for, pode nos ensinar alguma coisa, isto só depende da maneira como o usamos.

Outra situação inversa, que causa problemas emocionais, é a pressa de que as coisas aconteçam antes do tempo certo.

Quando planos, sonhos ou metas demoram para serem atingidos, gera-se aí muita ansiedade, nervosismo ou até desânimo. Quero dar uma ilustração: observe o processo todo da construção de uma casa, existem uma variedade imensa de materiais à serem utilizados ali: o cimento, a areia, o ferro, a madeira, tijolos, etc. Digamos que neste conjunto todo você seja as "telhas". Você está ali, num canto qualquer do terreno "observando". O cimento está sendo usado, a areia, o ferro, e você ali, parado esperando. O empreiteiro, passa perto de você, mas nem te percebe, te ignora. Você começa a pensar que não tem valor algum, não há motivo para estar ali, não há razão nenhuma para a tua existência. E o tempo vai passando, e os outros materiais vão encontrando seu lugar naquela grande construção, e você se sente totalmente inútil, não sabendo que a tua presença ali como a "telha" que é, e que vai dar o toque final de beleza àquela casa, e muito mais do que isso, todos os outros demais materiais, "precisarão" de sua proteção. Sem as telhas cobrindo a casa toda a construção pode se perder, e ninguém vai querer morar numa casa sem telhado. O problema é que o seu tempo ainda não chegou. Não há nada de errado com o projeto, com a construção da casa, e embora o construtor pareça ser um homem totalmente frio com você, isto não quer dizer que você não tenha importância para ele, pelo contrário ele está totalmente tranqüilo, porque sabe que as telhas estão ali, e no momento certo as telhas estarão em "evidência".

Não existe um único ser humano, que não tenha a sua importância. No projeto de "construção" do Criador.

Não estou defendendo aqui um conformismo frio e alienante. Pelo contrário, tudo o que fazemos, até as pequenas e triviais tarefas do dia a dia, devem contribuir, para que no tempo certo as coisas aconteçam em nosso vida.

"A estrada é sempre melhor que a estalagem". Essas palavras do grande escritor espanhol Cervantes significam uma maneira de viver.

Em meus dias de moço, sempre achei muito difícil alcançar determinado objetivo, acabar determinado trabalho. Quando chegar lá, pensava, sentirei satisfação e recompensa. Mais tarde, porém, vim a compreender que toda realização, como toda estalagem, é somente um ponto na estrada. O valor real na vida vem com a própria jornada, com o esforço e o desejo de mantermo-nos em movimento. Agora descubro que, com os meus oitenta e quatro anos, posso olhar para trás com prazer e, o que é ainda mais importante para mim, olhar para a frente com esperança e desejo. Aprendi a considerar cada estalagem ao longo da estrada não como um ponto de chegada, mas como um ponto de partida para um novo e melhor esforço. (Maurice Maeterlinck o livro: "Os mais belos pensamentos de todos os tempos)

Capítulo 2

Administrando o Meu Tempo

"A minha verdade básica é que todo o tempo é um agora em expansão"
(anônimo)

"...remindo o tempo, porque os dias são maus."
Efésios 5:16

Nunca fui muito bom em Matemática, Física, ou em qualquer outra disciplina que precisasse de cálculos infindáveis. Minhas notas nestas matérias sempre atingiam vôos rasantes, próximas do insuficiente.

Lembro-me de que quando a professora marcava a prova, sentia um frio no estômago só de pensar que a data estava se aproximando. No dia da prova era um sufoco, queria sumir dali, e minha indignação e pânico era maior ao vêr que colegas meus, mal eu recebia a folha de prova, já tinham terminado de responder as questões, enquanto eu olhava para minha mesa e via aquela enorme folha de prova como se fosse um hieróglifo egípcio, ou uma redação em grego que tinha que ser decifrada.

Posteriormente eu vim descobrir, que aqueles mesmos colegas "penavam" em outras matérias nas quais eu não tinha a mínima dificuldade. Mas eu ainda me recordo que naqueles dias aquela situação trazia em minha mente, o sentimento de que, existiam pessoas mais privilegiadas que eu. Ou no mínimo, com certas vantagens em relação à minha inteligência. Naquela idade, esta questão era um mistério para mim.

A vida foi injusta comigo...

Algumas vezes, temos a impressão de que Deus é arbitrário (para quem acredita na existência de um Ser Superior) e faz distinção entre as sua criaturas. Ouvimos dizer que Deus não tem filhos prediletos, mas não é esta sensação que experimentamos quando nos encontramos em posições desvantajosas a outros iguais a nós. Há pessoas que parecem ser tão talentosas que ficamos nos sentindo inferiores em relação a elas. Por que nasci assim? Pensamos, então.

Por que não sou como ele?

Fomos formados de maneira diferente. Não existe uma única pessoa que seja igual a outra na face da Terra.

É incrível, que seis bilhões de indivíduos, habitem neste planeta, e não haja ninguém, semelhante a mim. Só este tipo de reflexão, já deveria me fazer sentir bem, exclusivo na criação e o quanto sou único em minha existência.

Caímos em grande erro quando queremos imitar os outros, ou invejamos o sucesso de outro e anulamos nossa personalidade.

Temos histórias tão diferentes uns dos outros, somos em vários aspectos tão diferentes uns dos outros, que a possibilidade de sermos iguais é praticamente impossível.

Alguns, produzem mais de manhã do que à tarde. Outros ficam sonolentos e irritadiços de manhã, e ficam "acesos" à tarde e à noite. Outros abominam a idéia de tirar um cochilo depois do almoço, porém há pessoas que cochilam rapidamente depois da refeição, e produzem muito mais do que se ficassem o tempo todo acordados após o almoço lutando tristemente contra o sono e bocejando o tempo todo pelo resto do dia.

Tempos atrás, saiu uma informação pela televisão de que algumas empresas nos Estados Unidos, ao perceberem esta reação física nos funcionários, adaptaram camas e colchonetes em suas instalações e incorporaram ao horário do expediente, uns trinta minutos para os empregados fazerem uma "cesta" após o almoço, e quando voltavam, trabalhavam bem mais revigorados depois da digestão. Alguns países na América Latina, observam quase que religiosamente este período de descanso. Lembro-me que quando estive em Temuco, no Chile, este período era observado quase na totalidade das lojas comerciais. A cidade quase que parava.

Nossa formação familiar; educação que recebemos; influências exteriores acentuam nossas diferenças. O modo como enfrentamos as adversidades, as decisões que tomamos na vida, são conjuntos de coisas que diversificam as nossas existências.

Você é colérico, melancólico, fleumático ou sangüíneo?

Outra coisa que acentua as nossas diferenças, é o temperamento de cada um de nós. O Dr. Tim LaHaye, médico americano, que estudou e pesquisou os vários tipos de temperamento, em seu livro: ***Por que agimos como agimos?***, diz que "*o temperamento influencia tudo quanto você faz, desde influências nos hábitos de sono, de estudo ao estilo de alimentar-se, até na maneira como você se relaciona com os outros. Humanamente falando, não há influência em sua vida que seja mais poderosa do que o seu temperamento ou a combinação deles. Eis por que é tão essencial conhecer o seu temperamento e ser capaz de analisar os de seus semelhantes, para não condená-los, mas a fim de que você possa maximizar seus potenciais e permitir que outros façam a mesma coisa.*"

Basicamente, são quatro os tipos de temperamentos que existem: melancólico, fleumático, sangüíneo e colérico. Não existe quem possua um único temperamento, ou seja, não existe uma pessoa puramente colérica, ou unicamente fleumática; na verdade o colérico existe, porque é este tipo de temperamento que predomina nele, porém ele possui outras combinações também, numa porcentagem menor. São estas combinações diferentes de temperamentos que nos dão estas riquezas de defeitos e qualidades que possuímos. Neste sentido, se torna ridículo, o fato de tentarmos ser ou imitarmos as pessoas a quem admiramos ou até invejamos. Somos complemente diferentes neste aspecto uns dos outros. Isto sem mencionar a questão familiar, cultural, genética e outros fatores mais, que nos tornam diferentes. Vejamos na tabela seguinte as características básicas dos quatro tipos de temperamento, segundo o Dr. TimLahaye em seu livro *Por que agimos como agimos?*

O Sangüíneo

Pontos fortes Pontos fracos

- Falante – Indisciplinado
- Expressivo – Emocionalmente instável
- Cordial – Improdutivo
- Comunicativo – Egocêntrico
- Entusiasta – Exagerado
- Compreensivo

O Melancólico

- Talentoso – Autocentralizado
- Analítico – Desconfiado
- Esteta – Suscetível
- Habilidoso – Vingativo
- Auto-disciplinado – Mal- humorado
- Disposto a sacrifícios – Crítico

Teórico

Não – social

Pessimista

Colérico

- Vontade forte – Cruel
- Independente – Irado
- Auto-suficiente – Visionário
- Prático – Dominador
- Produtivo – Impetuoso
- Decidido –Vingativo
- Frio e insensível – Líder

Fleumático

- Calmo – Quieto procrastinador
- Digno de confiança – Preocupado
- Objetivo – Egoísta
- Diplomata – Avarento
- Eficiente – Autoprotetor
- Organizado – Indeciso
- Prático – Temeroso
- Cheio de humor – Desmotivado
- Condescendente

Segundo o Dr. LaHaye, aqui está resumido dois mil e quatrocentos anos de teoria sobre temperamentos. E repito, nínguem é cem por cento único num tipo de temperamento. E é aí que residem as nossas diferenças.

Entretanto, há algumas coisas que todos nós temos de igual modo. Há coisas que Deus deu para todos de igual forma, independente do temperamento, da raça, status social, religião, educação, etc..., o tempo, por exemplo é uma delas.

O presidente dos Estados Unidos tem a mesma quantidade de horas por dia, como qualquer um de nós. Os diretores da maior indústria automobilística do mundo tem as mesmas limitações de tempo que qualquer outro ser humano sobre a face da Terra; Bill Gates, presidente da Microsoft, tem um dia de 24 h, o mesmo número de horas que eu e você temos e isto é uma conclusão bastante óbvia e simples.

Mas fica a pergunta: como eles conseguem realizar tantas coisas ao mesmo tempo? Como conseguem produzir tanto? Como utilizam o seu tempo?

Parece uma questão muito materialista, e não quero dar a entender que para ser um vencedor, você tenha que sair por aí inventando programas para computadores, ganhar bastante dinheiro, ficar rico e famoso e viver feliz para sempre. Não é isso. O que quero é, centralizar-me no uso correto e produtivo do tempo que temos.

Contrastemos então com um outro exemplo, observe na bíblia o modo, as ações e o comportamento do Senhor Jesus Cristo nos evangelhos, Jesus jamais parecia ter pressa, como também ele nunca se desculpou por chegar atrasado em algum lugar, e tão pouco reclamou por falta de tempo. Seus dias eram extremamente ocupados e sua "agenda" estava sempre cheia (Marcos 3:20).

O problema é a disciplina

Vejamos como Caio Fábio conseguiu expressar isto: *"A agenda não é senhora da vida de Jesus, nem ele é um ser sem programa. Seu existir humano está entre a criatividade e a disciplina dos hábitos. O fato é o seguinte: A vida de Jesus é dotada de disciplina e de costumes sem que por isso, se deixe se aprisionar por algum esquema ou programa absoluto. A prova é que ele acolhia a todos os que o buscavam, sem todavia, expor-se desnecessariamente às investidas populares. Ele agia dessa forma sem ser indisciplinado, mas criativo e espontâneo. Cuidava dos acontecimentos à medida que eles vinham, concentrando-se em um de cada vez".*

Três vezes Caio Fábio toca num elemento importantíssimo na questão da administração do tempo, o fator: **disciplina.** Jesus era disciplinado, mas não deixava de ser expontâneo e criativo. Certa vez Gandhi disse que: "Aquele que não é capaz de governar a si mesmo, não será capaz de governar os outros".

Todas as pessoas que fizeram história, eram disciplinadas. E impuseram a si mesmas medidas de autocontrole. E disciplina implica em sacrifício, abnegação, restrição, domínio – próprio, etc...

Existem alguns fatores que precisamos por em prática em relação à disciplina e por conseguinte à administração do tempo:

a) Concentrar-se em uma coisa e insistir nela como único objetivo.
b) Ter a capacidade de "não" fazer determinadas coisas, das quais não pertencem a tua área. Não perca tempo com aquilo que você não sabe fazer.
c) Aprender a dizer "não" para as pessoas em determinadas ocasiões.
d) Aprender a delegar encargos a outros.
e) Se puder pagar, pague ou então peça para que outros façam aquilo que você não sabe fazer.
f) E não permita que aquilo que é urgente, tome lugar em sua vida daquilo que é importante.

Tomando ainda a vida de Jesus como exemplo, observe algumas passagens bíblicas nas quais ele praticou estes princípios:

- Concentrou-se em Sua missão redentora, insistindo nela até as últimas conseqüências, até sua morte sacrificial na cruz (Lucas 9:51).
- Resistiu à tentação de subir à Judéia, porque esta viagem implicaria na possibilidade dos oficiais da cidade, prendê-lo e matá-lo, o que não era ainda o momento de isso acontecer (João 7:3-6)

- Não fez nenhum consentimento irresponsável para apenas "se ver livre" de dois discípulos ambiciosos (Mateus 20:20-23).
- Delegou tarefa para os outros discípulos várias vezes (Lucas 22:8-).

Numa determinada época de sua vida, Jesus disse aos seus irmãos : "o meu tempo ainda não chegou, mas o vosso sempre está presente" (João 7:16). Isto indica que ele tinha uma perfeita noção do momento e da hora em que estava vivendo, como também, da importância da administração de seu tempo. Será que ele não está fazendo para nós hoje a mesma afirmação?

"*Perdidas ontem, em algum lugar entre o levantar e o pôr do sol, duas horas de ouro, cada uma delas ornadas com sessenta minutos de diamantes. Não se oferece recompensa a quem as encontre porque perderam–se para sempre*". (Horace Mann)

Capítulo 3

Vivendo Fora da Lei do Tempo

"Não podemos lutar contra o futuro. O tempo está a seu favor"
William Ewart Gladstone – político estadista inglês

"Disse também Deus: Haja luzeiros no firmamento dos céus, para fazerem separação entre o dia e a noite; e sejam eles para sinais, para estações, para dias e anos".
(Gênesis 1:14)

A Terra completa uma volta em torno de si mesma em 23 horas 56 minutos e 4 segundos, este movimento em torno de seu eixo é chamado de rotação. Ou seja, ela leva um ***dia***, para nós que vivemos nela, realizar esta volta. Isto está acontecendo, agora! Exatamente no momento que você está lendo estas linhas! Obviamente isto é quase imperceptível, a não ser que observemos atentamente a sombra do sol nos objetos onde ele reflete a sua luz. Mas mesmo que você não sinta este movimento da terra debaixo dos teus pés, seria ridículo você não acreditar nesta verdade.

Agora, existe mais um movimento que o nosso planeta está fazendo neste exato momento, que é muito mais imperceptível que o anterior que acabei de descrever: o movimento de translação; ou seja: a Terra completa uma volta ao redor do Sol em 365 dias, 06 horas, 09 minutos e 09,5 segundos a uma velocidade de 30 km por segundo (é uma velocidade incrível para uma massa do tamanho do planeta percorrer no espaço). Nós, pessoas comuns, chamamos este tempo percorrido por ela, ***ano***. Repito, mesmo que você não perceba isto, seria estúpido negar tal fato. É algo cientificamente comprovado.

Por que estou dizendo isto? Porque nós terráqueos, é que estamos condicionados a este tipo de lei que governa o nosso tempo e o nosso planeta. Enquanto pisamos no planeta Terra estamos sujeitos a esta "força" que domina as nossas vidas. Ontem eu estava mais jovem que hoje, e amanhã estarei mais velho do que hoje. É óbvio! Mas se eu tirar os meus pés do solo, o quê acontece? Se eu sair fora desta rotação, o quê muda?

Vamos pensar mais um pouco sobre isto.

Se você pudesse viajar numa nave a trezentos mil km por segundo; se existisse uma nave que viajasse a velocidade da luz; uma pessoa poderia viajar um milhão de anos, e seria tão jovem quando terminar a viagem como quando começou. Isto é um fato. Alguns dos astronautas que foram à Lua, voltaram mais jovens quando retornaram. É difícil de entendermos isto, mas de fato aconteceu. Eles não envelheceram durante o tempo que estiveram no espaço, mesmo usando uma nave que desenvolvia uma velocidade relativamente pequena.

Agora pode se entender porque Deus é um Ser eterno. Ele não está sujeito a esta Lei do tempo, pelo contrário, a bíblia diz que foi ele quem a criou. Ele fixou isto na criação. De maneira que Deus é o único ser que não vive limitado ao tempo e espaço. Além do mais, sendo Ele espírito, não possui um corpo, por isso Deus não envelhece; espíritos não envelhecem, anjos não envelhecem. Há um bilhão de anos Deus tinha a mesma "idade" que tem hoje. E ao começarmos a pensar nisto, torna-se lógico a idéia de que ele pode controlar as nossas vidas de tal maneira, permitindo que coisas aconteçam conosco, que no momento não entendemos porque elas aconteceram, mas Deus "viu" que lá na frente coisas sucederiam, que nos prejudicariam ou então tragédias inconcebíveis poderiam acontecer. Permita-me aqui, uma palavra de consolo para àqueles que perderam seus queridos, e que carregam hoje as marcas profundas da separação e o vazio que a morte causa.

Quero ilustrar este pensamento com um episódio que aconteceu no Antigo Testamento. No livro de Isaías capítulo 38.

Ali conta que Ezequias, rei de Judá, estava doente, quase à morte. Quando este rei assumiu o trono, a nação estava muito enfraquecida, por causa da má administração do reinado anterior. Não havia estabilidade econômica, o povo não tinha referência religiosa sólida, as instituições estavam falidas, as forças militares de Judá estavam desfalcadas e para piorar a situação, a Assíria declarou guerra contra os judeus. Dentro deste conjunto de adversidades acontece o inesperado: o rei fica doente.

O profeta Isaías então veio visitá-lo. Isaías trazia uma mensagem de Deus para o rei doente. Não era uma visita confortante. E a mensagem do profeta não era das melhores. O profeta entra no quarto do rei e diz:

– Põe em ordem a tua casa, porque Deus mandou-me te avisar, que você vai morrer. Não vai viver. Da cama onde você está, irás para a sepultura.

Que mensagem desagradável. Este é o tipo de visita que ninguém deseja receber, nem mesmo para o seu pior inimigo.

Todavia, Isaías era um profeta de Deus, e Ezequias sabia que aquele recado era verdadeiro.

Com uma mensagem desta, você com certeza perderia todas as esperanças de melhorar de saúde. Levando em conta que as previsões de Isaías nunca falhavam.

Diz o texto bíblico, que o rei se virou para parede e começou a chorar; entre a dor, a tristeza e a desesperança, suplicou a Deus, que houvesse compaixão dele, e não permitisse a sua morte naquele momento, pois a nação estava precisando de sua liderança.

A narrativa é linda em descrever que, o profeta Isaías nem havia deixado o palácio do rei, quando sentiu em seu coração que deveria voltar, pois algo tinha acontecido. Uma mensagem de Deus entrara em seu espírito, ordenando-lhe voltar.

Ao entrar novamente no aposento do rei enfermo, o profeta diz:

– "Deus viu as tuas lágrimas, e ouviu as tuas orações, e resolveu de dar mais quinze anos de vida."

Que alívio! Que maravilha! Deus mudou seus planos, por causa da oração suplicante de um coração contrito. Mudanças podem acontecer, em respostas às nossas preces!

Até aqui, algumas verdades podem ser extraídas desse episódio.

1. Enfermidades, podem ser o único meio de nos fazer parar, e refletir na maneira como conduzimos as nossas vidas. Damos um valor tremendo à vida, quando perdemos a saúde. Deus tem o poder da vida e da morte.

2. Orações, podem mudar os planos de Deus e impedir que coisas aconteçam. Quando oramos a Deus de coração, em humildade e fé; Deus intervém de maneira misteriosa.

Três dias depois, o rei Ezequias estava completamente curado.

Que história bonita. Fico emocionado quando a leio.

Mas o problema é que ela não termina aí.

O que se vem a descobrir depois, é que, nos quinze anos a mais que Deus acrescentou na vida do rei Ezequias, foi o fato de que ele, dentro destes quinze anos gerou um filho chamado Manassés. Este menino foi o sucessor do trono de seu pai. Foi um dos piores reis que Judá teve. O mais déspota, o mais cruel, e o mais tirano. Manassés matou muitas crianças, e até mesmo o seu próprio filho num ritual de sacrifício pagão. Brincava com as vidas das pessoas. Praticou a magia negra e realizava bacanais com orgias indescritíveis.

A nação sofreu miseravelmente durante cinqüenta e cinco anos. Tudo aquilo que seu pai Ezequias, havia reconstruído na nação, assim como as reformas políticas, econômicas e religiosas, que foram feitas, Manassés pôs tudo a perder; despotismo, crueldade, injustiça e caos, marcaram seu reinado. Foi asssim o período em que Manassés esteve ocupando o trono. O estrago que ele causou foi tanto, que por causa dele, a nação toda foi destruída e levada para o cativeiro.

É claro que Deus sabia que isto ia acontecer. Quando o rei Ezequias estava agonizando na cama; Deus já sabia que no curso natural das coisas a nação estava caminhando para esta tragédia.

Quando o profeta levou pela primeira vez aquele aviso terrível para o rei que chorava na cama, parecia que Deus estava em cumplicidade com o seu profeta, sendo mesquinho e tirano com o rei. Mas na verdade, o que Deus queria era evitar aqueles cinqüenta e cinco anos de tragédia vivenciados por uma nação inteira.

A onisciência de Deus e as realidades da vida.

Olhamos para a nossa vida presente, enxergando-a e interpretando-a pela vidraça dos nossos conhecimentos; tentamos encontrar lógica para determinadas fatalidades em nossas vidas; enquanto Deus a olha e vê através de seu binóculo onisciente.

Não sei que tipo de fatalidade te atingiu, ou que realidade você está vivendo agora. Mas eu prefiro acreditar, que Deus está no controle de tudo. E tudo tem um propósito quando nos sintonizamos com o tempo de Deus em nossa vida.

Tenho uma prima e amiga que se chama Sandra, e que, fatalmente contraiu de seu parceiro o vírus da AIDS. Ela tem tido uma trajetória um tanto quanto difícil, desde que há anos perdeu seu filho por causa de uma doença que o menino contraiu ainda quando bebê, e também pudemos acompanhar, embora de longe, o sofrimento constante que seu marido, doente, lhe proporcionava, por causa de uma bactéria alojada em seu pulmão. Depois de constantes cuidados, ele fatalmente veio a falecer.

Recebi a triste incumbência, de estar ministrando uma palavra de conforto, em seu funeral.

Logo depois destes fatos, minha prima descobriu que também tinha contraído a doença. E aí começou sua batalha contra o vírus. Estive duas vezes de perto acompanhando sua história de luta contra a doença, quando dramaticamente uma infecção quis se alojar em seu corpo indefeso. Naqueles dias cheguei a pensar que ela não venceria. Sei que duas crises fortes abateram o seu corpo. Mas acredito que a maior guerra que ela enfrenta e na mente, e nos pensamentos. A vitória tem que ser conquistada acima de tudo, em sua cabeça, em suas condições, emocionais e psicológicas.

Atualmente, ela está muito bem; passada a fúria da tempestade e graças a Deus e ao tratamento médico e farmacêutico ao qual tem se submetido, tem vivido e trabalhado em cima desta situação de maneira vitoriosa.

Conversei com ela algumas vezes, e confessei-lhe minha curiosidade de saber o que se passava em sua cabeça; gentilmente ela permitiu que eu compartilhasse destas conversas com os leitores, sabendo que qualquer um de nós pode conhecer alguém, ou então, este livro pode cair nas mãos de alguém que tem acompanhado de perto, pessoas que são vítimas da mesma doença, ou que então, sofram de uma outra moléstia, da qual a medicina não obteve as resposta que precisa para conseguir encontrar o remédio que erradique definitivamente o mal. Foi pensando nestas pessoas, que vivem dramas semelhantes ao dela, que decidiu abrir seu coração para os leitores. Segue então seu testemunho:

Como foi os primeiros momentos após vários exames, constatarem o vírus?

No momento em que soube que havia sido contaminada pelo meu companheiro, de primeiro momento, senti como se o mundo tivesse desabado sobre minha cabeça. Não sabia o que pensar e nem como agir. A sensação que tive é de como se dentro de mim formasse um grande vazio, tudo acabou, pensei.

Passado o choque da notícia, o desespero e o medo do desconhecido comecei a procurar respostas para o que estava acontecendo, muitas perguntas passei a fazer para mim mesma, para outras pessoas e para Deus, pois acreditava que não passava de um engano. Até que fiz novamente mais três exames, passei a procurar os médicos e tive a certeza que não havia sido um engano, que era real, que a partir daquele momento eu teria que aprender a viver com o desconhecido e com o medo da morte, que precisaria aprender a administrar melhor o tempo de vida e que precisaria mudar algumas coisas em minha vida, e foi o que fiz.

O que mudou?

No primeiro momento achei que por estar bem nada deveria mudar, apenas alguns hábitos onde eu deveria ser mais cuidadosa, como alimentação e horas de sono.

Durante três anos passei bem fisicamente, não tive nenhum dos sintomas desta doença, procurando assim levar a vida, ou viver da melhor maneira possível. Até que o inesperado aconteceu no início de 98: o primeiro problema aparece depois de uma viagem, ao voltarmos descubro que estou com pneucistite (problema pulmonar), até a descoberta levou um mês, onde tive perda de peso, fiquei tão mal que as pessoas que me viam e cuidavam de mim acreditavam que eu não mais viveria.

Neste meio tempo, fiquei hospitalizada durante quatro dias. No hospital, os médicos haviam me desenganado para a família, mais nos dois últimos dias tive uma melhora surpreendente e o problema pulmonar fora eliminado, passei a ganhar peso, e desde aquele momento não tive mais nada, um milagre estava ocorrendo em minha vida. Durante os dias em que estava de cama, sem forças para nada, dependendo inteiramente das pessoas, muitos irmãos da fé em Jesus Cristo e amigos passaram a me visitar e a orar por mim, minha família toda me ajudando com oração e carinho. Neste momento, dentro de mim muitas coisas começaram a mudar, a se transformar ao ver toda aquela preocupação e atenção, por alguns momentos passei a desejar a morte por acreditar ser muito sofrimento para mim e para as pessoas que cuidavam de mim. Por muitas vezes, pedi a Deus que este sofrimento tivesse um fim. Mais um dia quando acordei e estava me sentindo muito mal pensei estar tudo acabado, mas algo dentro de mim dizia que eu precisaria viver por mais um tempo, que ainda não estava encerrada minha vida, que eu precisaria ter forças para lutar por muitas vezes.

A partir desse momento, passei a pedir a Deus que permitisse viver. Que eu pudesse levantar daquela cama, que eu pudesse estar forte para caminhar, para continuar o trabalho que eu ainda não havia terminado e que a minha vida pudesse ser um testemunho vivo do poder de Deus. Desde então passei a ficar cada dia melhor, e hoje com a graça de Deus estou aqui procurando viver e aproveitar o tempo que Deus está me dando para realizar as obras que me foram dadas.

Desde esta experiência tudo mudou, amo muito mais a Deus, a vida, as pessoas, procuro ver o poder de Deus em todas coisas que acontecem. Tenho procurado me aproximar mais das pessoas que me amam e de Deus, que é o amigo presente em todos os momentos, até mesmo quando todos nos abandonam, ele está sempre presente.

Como planejar o futuro?

Não vejo como planejar o futuro. O futuro para mim é hoje.

Apesar de não planejar o futuro não deixo de sonhar e pedir a Deus que o milagre da cura definitiva aconteça, não só em minha vida como de muitos que hoje sofrem sem ter esperança e fé. Que um dia, quem sabe, possamos voltar a planejar o futuro com quem amamos, ter nossos filhos e saber que haverá um amanhã para todos nós.

Hoje para mim, o tempo é o bem mais precioso que tenho.

Teu conselho?

Meu conselho é que todas as pessoas que enfrentam esse problema, que jamais percam a esperança e a fé que possam confiar em Deus, pois para tudo existe um plano divino, basta estarmos abertos para ouvir e sentir o que Deus, em sua suprema sabedoria, deseja nos mostrar, que jamais nos revoltemos contra Deus, porque muitas vezes, precisamos chegar no fundo do poço para entendermos os propósitos de Deus.

Gostaria de dizer que ainda há esperança, porque se ainda estamos vivos é porque temos muito a ensinar e aprender, e que devemos agradecer a Deus por cada dia que nos é dado. Que devemos ser sempre gratos a Deus por estar nos sustentando nestas horas difíceis, pois se estivéssemos sós não suportaríamos a dor da morte.

Que jamais deixemos de acreditar no amanhã, mesmo caminhando entre as pedras, sempre encontraremos uma rosa para *nos dar alegria e a coragem para continuar.*

Se não houvesse esperança e a certeza que existe um Deus amoroso e bondoso eu já teria desistido e parado no meio do caminho, deixando a desilusão tomar conta de mim. Saibam que a maior esperança que temos hoje é que existe um Pai e Amigo olhando e cuidando de cada um de nós; **DEUS.**

Capítulo 4

Perdendo Tempo

"Há ladrões que não se castigam, mas que nos roubam o bem mais precioso: o tempo"
Napoleão Bonaparte

"Por isto quisemos ir até vós..., contudo Satanás nos barrou o caminho."
(I Tessalonicenses 2:18)

Um homem certa vez, recebeu um terreno como herança de seu falecido pai, mas ele era irremediavelmente preguiçoso e desanimado para construir ou fazer alguma coisa com ele, não viu outra opção para usá-lo a não ser como um espaço legitimamente seu para pedir esmola para os transeuntes que ali próximo passavam. Ali ninguém o incomodaria. Morreu esmolando, na miséria.

Algum tempo depois, este terreno, de alguma forma foi transferido para uma outra pessoa, que por sua vez, projetou naquele terreno uma linda casa. Abriram-se as valas para se construir os alicerces; escavações foram feitas para as colunas, quando de repente, descobriram uma enorme pepita de ouro, justamente embaixo do lugar onde o mendigo passou a maior parte de sua vida pedindo esmola.

É muito fácil perder tempo hoje em dia.

Existe hoje, uma variedade de opções para se perder tempo; jogar oportunidades fora, exaurir energias preciosas com coisas que não trazem benefício algum.

A tecnologia moderna trouxe muitas facilidades e conforto para o homem moderno, mas trouxe uma variedade de opções para se perder tempo também. Por exemplo: há algumas décadas o rádio era o único aparelho popular que existia, era prazeroso fazer alguma coisa, ouvindo um radinho. Depois veio a televisão, um aparelho poderoso, com seus programas capazes de fazer completamente a cabeça das pessoas; muda conceitos, impõe estilos, causa variações na moda, é o mais influente dentre os meios de comunicação hoje, pelo seu baixo custo e facilidade de uso, é só ligar o botão, e imagens do mundo todo estarão dentro de sua casa. Lares se enchem de notícias, filmes, novelas e entretenimento. É incrível a quantidade de horas, que crianças e adultos passam em frente da televisão.

Depois veio o vídeo, quem queria assistir um bom filme e só tinha o cinema como opção, o vídeo se tornou um aparelho indispensável para quem se enjoou da programação normal das redes de televisão, e neste caminho depois veio a TV a cabo, por via satélite, e agora o DVD.

E embora com uma certa limitação, uma nova mania começa a se popularizar e está se tornando o "frenesi" que veio para ficar: o computador e a Internet. Com sua variedade de informações e entretenimentos, fica-se horas navegando por ela, as salas de "chat"(bate-papo) consomem muito tempo e dinheiro para quem gosta de jogar conversa fora, e a lista é infindável se analisarmos todos meios que estão à disposição das pessoas, sem falar nos jogos de vídeo-game, onde adolescentes ficam horas a fio, obcecados pelas competições.

Todas estas coisas, quando usadas de forma equilibrada trazem diversão e informações às pessoas; mas sem controle, podem escravizar mentes, roubar o tempo, o dinheiro e a saúde de quem se vicia nelas.

É algo estranho de se afirmar, talvez você nunca tenha pensado nisso mas, Satanás tem prazer quando se perde tempo com coisas inúteis, talvez eu esteja sendo radical demais, mas não creio estar exagerando. Se estou neste mundo com um propósito, um sonho, um ideal, então tenho que viver minha vida da melhor maneira possível. Tenho que usufruir daquilo que está a minha disposição, com muito bom senso, e jamais deixar ser controlado por elas.

A verdade é que, hoje em dia, o diálogo tem se tornado menos freqüente dentro de nossas casas. Investimos pouco tempo nas relações pessoais. Passamos muito mais tempo nos relacionando com máquinas, do que com as pessoas. Ficamos horas a fio, olhando para a tela de um computador, mas não temos coragem de conversar com os nossos filhos "olho-no-olho". Temos tempo para examinar todas as notícias dos jornais, mas não temos tempo para analisar a vida de nossos queridos. Passamos a maior parte de nossa vida enclausurados em nossos escritórios e apartamentos, quando podíamos aproveitar bem mais a vida ao ar livre. E assim nossa vida vai passando, e pensamos lá no nosso íntimo, que um dia no futuro, ou quando ajuntarmos bastante dinheiro, teremos tempo para isso. Mas o futuro nunca chega e o dinheiro parece que nunca é suficiente.

Se somos a imagem e semelhança de Deus, fomos criados com um propósito e Deus quer que este propósito se concretize em nossa vida, mas o arqui-inimigo (o diabo) de Deus, fará de tudo para atrapalhar o plano de Deus para a nossa vida.

Satanás é muito sutíl, e tem estudado a raça humana por muito tempo, tempo suficiente, para com agilidade escravizar o homem. Poder controlar as mentes, enfim, enganar os mais espertos dos mortais.

O interessante é que, até os mais cultos, inteligentes, e até os mais iluminados, não estão insentos destas artimanhas invisíveis e sutis do diabo.

Há um episódio interessante na vida do apóstolo Paulo, que pode ilustrar bem esta situação, ele passou mais de dois anos encarcerado na cidade de Cesaréia por causa da pregação do Evangelho. Diz o texto bíblico (Atos 24:24-27), que o procurador romano Félix e sua mulher Drusila com freqüência (v.26), ouviam o apóstolo falar-lhes acerca do juízo, justiça e das virtudes de uma vida piedosa.Com certeza Paulo pregou-lhes o evangelho de tal maneira a conquistar o coração do governador romano. Mas o que aconteceu? O procurador simplesmente não se converteu!

Dá-se a entender neste episódio que, Paulo com todo a sua iluminação e cultura, não conseguiu converter o governador ao cristianismo, mas com certeza muito tempo, energia e argumento foi gasto neste intento. Não sei se isto já aconteceu com você, mas parece que existem situações e até pessoas, que conseguem, sugar, exaurir, tirar, nossas forças físicas e mentais, além do normal, a ponto de deixar-nos esgotados quando aquela situação passa ou a pessoa vai embora. Já passei por isso algumas vezes, e conheço casos de pessoas que até doente ficaram após viverem ocasiões assim. Precisamos pedir a Deus que nos dê discernimento para não perdermos tempo em momentos como estes. Algo parecido aconteceu com João Batista (Mc.6.20-29). Em sua prisão promovida por Herodes, João com certeza, testemunhou a Herodes os caminhos de Deus e apontou a ele o caminho da justiça. Diz o texto sagrado, que Herodes gostava de João e até o respeitava, ele descia muitas vezes às escondidas ao calabouço para conversar com João. Mas, o que aconteceu? João Batista teve sua cabeça degolada em cima de uma bandeja. Herodes foi seduzido pela dança sensual da filha de Herodias, mulher de Herodes.

Dois homens, Paulo e João, eram exímios pregadores, cheios do Espírito Santo, iluminados por Deus, empregaram tempo e energia espiritual com pessoas que não quiseram se endireitar!

Não desperdice seu tempo! Tenha sensibilidade espiritual e discernimento para perceber quando Satanás está tentando roubar seu tempo e te escravizar com coisas que não lhe trarão benefício algum, esgotando você fisicamente, mentalmente e emocionalmente. Jesus disse: "*Não deis aos cães o que é santo, nem lanceis aos porcos as vossas pérolas, para que não as pisem com os pés e, voltando-se, vos dilacerem* (Mateus 7)."

Participei uma vez de um seminário, onde o preletor encerrou o seu sermão com uma pergunta: "Onde fica o lugar mais rico da Terra?", inquiriu ele à platéia – "Será, porventura, as minas de diamante na África? Ou os poços de petróleo no Oriente Médio? Será na Serra Pelada, Brasil, onde há ouro sendo escavado e garimpado por milhares de pessoas? Não! Não são estes lugares! O lugar mais rico da terra é o cemitério localizado em tua cidade, ali estão enterrados músicas que jamais serão cantadas, quadros que nunca serão pintados, poesias que jamais serão proclamadas, livros que nunca serão lidos, descobertas que jamais serão trazidas à luz da humanidade. Pois ali foram enterradas pessoas que levaram consigo, sonhos, idéias, planos que jamais, e nunca mais, serão trazidos à existência!" (Myles Munroe)

Existem porém, fatores de ordem mais profundas e complexas que nos levam a perder nosso tempo precioso. E o pior que, são feridas profundas que querem nos paralisar totalmente no tempo e no espaço. E é sobre isso que vamos falar no próximo capítulo.

Capítulo 5

Não Enterre seu Sonho

"Se destruíssemos todos os sonhos dos homens, a Terra perderia suas formas e suas cores e nós adormeceríamos em uma cinzenta estupidez"
Anatole France – escritor francês

"Ora no segundo ano no reinado de Nabucodonosor, rei da Babilônia, teve este uns sonhos; e o seu espírito se perturbou, e passou-se-lhe o sono"
Daniel 2:1

Uma das primeiras coisas que você aprende num curso básico de informática, são os nomes das partes e das peças e algumas das funções que compõem um computador. Dentre as milhares de informações que você recebe nestes cursos, uma das que mais me chamaram a atenção foi a diferença gritante que existe entre a memória ROM e a memória RAM instalados no computador. Mais interessante é o paralelo que pode ser traçado entre o computador e o ser humano, principalmente destas duas memórias existente na máquina que eu quero salientar e usar como ilustração daquilo que pretendo usar como linguagem dos sonhos.

Estas duas palavrinhas, RAM e ROM, embora contenham uma única letra de diferença, realizam praticamente tudo o que é essencial num computador.

Pois bem, minha professora de informática explicou: ROM (sigla em inglês para Ready Only Memory – Memória Apenas para Leitura), é uma memória permanente e que foi criada pelo fabricante do computador, isto é, quando o fabricante criou o computador, ele colocou nesta máquina certos programas inacessíveis ao usuário - o comprador; e estes programas não podem, ou não devem ser alterados de forma alguma, pelo consumidor. Sem este programa o computador não consegue realizar suas funções vitais de funcionamento. Bem, basicamente é isso.

Agora, já a memória RAM (sigla em inglês para Random Acess Memory – Memória de Acesso), como na tradução do próprio nome diz, já é aquele programa que pode ser manipulado pelo usuário, extremamente útil para armazenar outros programas (softwares) que serão acrescentados no microcomputador na medida de sua necessidade e capacidade desta memória.

Nesta memória podemos alterar ou eliminar trabalhos aí armazenados.

Agora, tenha paciência e permita-me explicar onde quero chegar.

Deus nos criou com uma "memória ROM". Existem sonhos, planos, metas que foram colocadas pelo Criador dentro de nós. Não podem ser alteradas pelos homens, pelas adversidades, pelos problemas da vida. Olhe a história de Gandhi, de Mandela, Martin Luther King, Abraão Lincoln.

Tem um filme nas locadoras (Amazônia em chamas), que conta a história do brasileiro Chico Mendes, sua luta e sua vida em defesa do uso apropriado da floresta Amazônica na qual ele morreu defendendo.

Força interior assim, foram colocadas por Deus dentro dos homens, e não importam as conseqüências e nem o que aconteça, eles lutarão pelo que acreditam.

Agora, existem fatos que acontecem no nosso dia a dia, que vamos armazenando em nossa "memória RAM" e que variam constantemente em nossas vidas.

Sonhos! Quem já nunca teve os seus?

Na criação, fomos dotados desta capacidade maravilhosa de sonhar.

Existem três categorias de sonhos.

Primeira delas, são aqueles sonhos que envolvem fatos ou pessoas com quem nos deparamos no dia a dia. Estes acontecimentos, suas impressões e imagens ficam temporariamente gravadas em nossa memória e vamos armazenando em nosso subconsciente, durante a noite eles afloram, vem à tona, desabrocham, infestam nossas noites durante o sono; na maioria das vezes misturando coisas e pessoas das quais nenhuma lógica ou interpretação pode ser dada, isto porque, de fato eles nada significam, muitas vezes, sendo resultados de stress, fadiga, preocupações e anseios. Neste caso, se você tentar achar significado para cada sonho que você tiver em tuas noites, você corre o risco de ficar louco. A bíblia diz, no livro de Eclesiastes no Cap. 5 Verso 3 que "*da multidão de trabalhos vem os sonhos*", isto é, as muitas atividades, correria, ansiedade, agitações do labor cotidiano, produzem sonhos, perturbações noturnas, insônia e outros sintomas mais. Isto sem mencionar que, este tipo de processo, pode também produzir os pesadelos. Você já deve ter sonhado que estava caindo, a ponto de dar um sobressalto em sua cama ou no lugar onde repousava, e que, geralmente isto acontece naqueles cochilos rápidos que tiramos quando estamos cansados. São terríveis! Onde então, aqueles pesadelos onde pessoas ou animais nos perseguem, e nossas pernas simplesmente se recusam a sair do lugar. Há aqueles sonhos estranhos, onde a gente se encontra atravessando uma rua movimentada, nu. Existem aqueles chamados terrores noturnos, em que você não sabe se está acordado ou dormindo, e aí pressente a chegada do Mal, ou alguém ou algo te prende ao lugar onde você está deitado, e numa luta desesperada tentamos nos levantar, ou então gritar, e não conseguimos, som nenhum sai de nossas gargantas; algumas pessoas com quem já conversei sobre isso, até tiveram a amarga sensação de que alguma coisa parecida com "mãos" lhes apertavam a garganta. São experiências terríveis, que uma vez ou outra passamos solitariamente em nossos sonos profundos

Algumas pessoas me perguntam se esses terrores noturnos são puramente psíquicos, emocionais ou há algo de espiritual inserido neles, ou seja, existe alguma entidade maligna envolvida. Você sabe, que existem pesquisas e estudos que abordam todas estas possibilidades, mas particularmente, eu acredito que, algo maligno, invisível e espiritual toma parte nisso. O Salmo 91, na bíblia, no Verso 5, se refere aos "terrores da noite" e as "pestes que vagueiam na escuridão", porém neste mesmo Salmo diz que "a sombra do Altíssimo te protegerá". Se isto acontece com freqüência em tua vida, então te aconselho a se aproximar mais de Deus. E não adianta se "encher de remédios", porque eles nem sempre atingirão este mal pela raiz.

Às vezes, sonhamos que estamos voando, ou dando saltos gigantescos e arrebatadores. Lembro-me que às vezes sonhei, que estava dirigindo um carro, mesmo antes, de na realidade estar habilitado para isso; no sonho fazia manobras sem nenhuma dificuldade. Acordava frustrado. Ou então sonhando que estava falando ou cantando em inglês, ou algum outro idioma, fluentemente. Nada mais natural.

O ponto que eu quero salientar aqui, é que muitas pessoas que me procuram buscando interpretação de seu sonho, frustram-me e decepcionam-se a si mesmas, porque, na maioria das vezes, seus sonhos nada significam, pelas razões das quais eu acabei de descrever.

Mas existe uma segunda categoria de sonhos, que possuem profundas e sérias conseqüências em nossas vidas. Sonhos que se revestem com uma auréola mística e também futurista, bem como servem de alerta e projetam luz de acontecimentos que se realizarão em nossas vidas ou na vida de outros. Há um ingrediente misterioso e até divino nestes sonhos. Algo espiritual está contido neles. Indubitavelmente, eles são mais raros, e quando acontecem, ficamos estranhamente incomodados, sentimo-nos bem, ou mal, dependendo daquilo que eles nos levam a suspeitar que significam.

Quem nunca os teve? Basta ser gente, para que eles uma vez ou outra, se manifestem em nossas vidas. E eu afirmo que eles independem de suas crenças, filosofias, religião, saldo bancário e cor de pele. Afirmo isto porque algumas pessoas se consideram exclusivas, ou pensam, que porque ao seguir determinadas crenças, ou vivem exclusivamente para determinada religião, são os únicos que podem ter este tipo de sonho. Francamente, eu pensava assim alguns anos atrás, até que li na bíblia, que uma variedade de pessoas, independente da raça ou religião, receberam sonhos reveladores de Deus. Vejamos alguns exemplos:

1º José, filho de Jacó – era hebreu e monoteísta

2º Faraó, monarca egípcio – se considerava "um deus" (teve o sonho das sete vacas magras, devorando as sete vacas gordas, que inexplicavelmente continuavam magras).

3º O copeiro e o padeiro de faraó, egípcios – provavelmente politeístas.

4º Salomão, monarca hebreu, filho de Davi – monoteísta

5º Nabucodonosor, rei da Babilônia – se considerava um "deus" também.

6º Daniel, hebreu - tem um livro na bíblia com o seu nome.

7º José, esposo de Maria – aquela que foi a mãe de Jesus.

8º Saulo, perseguidor dos cristãos – tornou-se depois o maior missionário do cristianismo, usando seu nome romano, chamado Paulo.

Enfim, a lista de pessoas é variada e bastante diversificada. Provavelmente, você já deve ter tido um sonho destes também. Eles talvez já tenham se cumprido, ou então o tempo ainda não chegou.

É possível, às vezes, sonharmos algo extremamente significativo, e que, no coração, sabemos que aquilo vai nos acontecer, mesmo que, no momento, todos os fatos à nossa volta indiquem o contrário. É possível até mesmo, ao acabarmos de acordar de um sonho desta natureza, todos os acontecimentos que imediatamente começam a suceder, vão em sentido contrário àquilo que sonhamos, deixando-nos confuso acerca daquele sonho. Quero lhes dar um exemplo:

Houve um rapaz, que teve dois sonhos, quase que em seguida um do outro. Sonhos diferentes, mas com um mesmo significado.

Sonhou, que estavam num campo amarrando feixes de uma colheita qualquer junto com os seus irmãos, e que ao final da tarefa, os feixes de seus irmãos se inclinavam diante do feixe que ele tinha feito, e o seu feixe era maior do que de seus irmãos.

No segundo sonho, viu o sol, a lua e onze estrelas se curvarem diante dele. Algo muito estranho, e até sem muita lógica. Porém entendeu, e as pessoas com quem ele conversou no dia seguinte, que diziam respeito a ele e a sua família. Insinuando o sonho, que um dia este rapaz seria maior do que todos os seus irmãos, o mais bem-sucedido, o mais próspero, e que até mesmo seu pai e sua mãe iriam se curvar diante dele.

Ao revelar esta interpretação para a sua família, você pode imaginar a confusão que deu. Seus irmãos ficaram indignados. Seus pais se sentiram ofendidos. O ódio dos irmãos cresceu tanto contra ele, que num certo dia o pegaram e o jogaram dentro de um poço. O que se seguiu a partir daí, foi uma série de adversidades e provações que despencaram na cabeça deste moço. Tudo parece que dava errado. Durante treze anos após aqueles lindos sonhos, tudo aconteceu contra ele. Foi preso, rejeitado pela família, trabalhou como serviçal em uma cadeia em um país estranho, perdeu tudo; menos a fé de que um dia aqueles sonhos iriam se tornar realidade. Foi o que de fato aconteceu, de repente, uma reviravolta em sua vida, depois de treze anos de provação, inesperadamente, foi chamado pelo seu governante à desvendar um mistério na vida do rei do país onde estava exilado, e ele foi tão bem sucedido naquela primeira entrevista, que o rei o convidou a se tornar seu conselheiro e administrador direto num dos maiores impérios daquela época.

Tempos depois, sua família de nada sabendo do que tinha acontecido com ele naqueles treze anos de separação, desceu ao Egito para negociar alimento com aquele governo. Quando entram na sala do oficial do governo que controlava aquele setor, toda a família se curva diante, sabe de quem? Do próprio irmão e filho que agora era autoridade responsável pela administração e abastecimento de grãos de todo o Império egípcio. O sonho havia se cumprido.

Os treze anos de sofrimentos foram fundamentais para prepará-lo para aquele momento.

Sonhos assim são raros. Porque nestes casos, dois ou três sonhos, são suficientes para projetar nossas vidas em uma única direção. São prenúncios de acontecimentos que podem demorar anos para se concretizar. São embriões plantados no mais profundo do nossa alma, e que vão se tornando realidade à medida em que o tempo vai passando.

Por isso, que eu repito que esse tipo de sonho não se tem todos os dias. Eles não são comuns. E não devemos banalizá-los. Devemos até mesmo saber à quem vamos contá-los.

E finalmente, existe uma terceira dimensão no mundo dos sonhos. São aqueles que sonhamos de olhos abertos. São válidos. São fortes. São sonhos que, muitas vezes, nos impulsionam à vida. É algo tão forte, que muitas vezes, estes sonhos serão as únicas coisas que nos manterão de pé. Alguns chamam isto de ideal, outros chamam de metas, outros dizem que são os seus alvos. Vivem em função disso. E podem até morrer em função deste sonho.

Neste aspecto, todos somos sonhadores. A qualidade, ou até mesmo a sublimidade dos teus sonhos, dependerão muito de quem você é, que tipo de influências você recebeu; onde nasceu, que tipo de formação psicológica, afetiva, educacional você teve; como foi teu lar, tua família. Tudo isso modelarão os nossos sonhos. As nossas metas. Os nossos ideais.

Num país tão mal administrado como o nosso, onde a maior parte dos cidadãos sonham com um futuro melhor, mais tranqüilo, mais seguro, mais justo. Onde uma minoria vive num mundo de sonhos; sonhos que fazem o pesadelo de milhões de pessoas que vivem aqui. Muitas donas-de-casa, sonham com a casa própria. Muitas adolescentes sonham casar com aquele galã de novela. Muitos jovens sonham em se formar e se tornar profissionais bem-sucedidos, (o que na verdade, muitos desses jovens vivem é debaixo da influência dos sonhos dos pais). O rapaz pode sonhar em ter um dia aquele carro. A moça sonha acordada com o charme e os devaneios daquela paixão. O pequeno empresário sonha com aquela grande empresa, sonha com os galpões, com as dezenas de empregados na linha de produção. A empresária sonha em fechar aquele grande negócio, ter aquele lindo escritório, com assistentes por todos os lados. O moribundo sonha em se levantar daquele leito de enfermidade. Pessoas que sofrem com doenças nos rins e que semanalmente precisam fazer hemodiálise, sonham com aquele transplante de rim.

Este tipo de sonho, visão, meta, ideal, alvo, ou seja lá o nome que você queira dar, pode assumir dimensões, alcance, duração, profundidade de formas bastante variadas. Depende de onde você quer chegar, e vai depender também dos princípios, que serão aplicados para conquistá-los.

Martin Luther King Jr., pastor Batista, líder negro do movimento anti-racismo na América do Norte, recebeu o prêmio Nobel da Paz de 1964 por ter firme e continuamente sustentado o princípio da não-violência na luta contra o racismo no seu país e no mundo.

Uma vez ele fez um discurso para 250.000 pessoas em Washington, na mais famosa "marcha para a liberdade". Não houve um só ato de violência ou de irritação naquela massa enorme de multidão que cantava e orava. Estavam presentes negros das grandes cidades industriais do Norte, camponeses das plantações do Mississípi e do Alabama, operários da Califórnia, estudantes de Nova York e de Boston. Brancos e negros, católicos e protestantes, formando, todos, um único grande povo, em torno do gigantesco monumento a Abraão Lincoln, o grande emancipador dos escravos.

A multidão ocupava dois quilômetros quadrados ao longo das margens do Potomac, o histórico rio que atravessa a cidade de Washington.

Quando subiu à plataforma dos oradores, fez-se um silêncio religioso e cheio de tensão, então, olhando para aquela multidão, disse:

"*O caminho está cheio de asperezas, mas, não obstante fadigas e humilhações, eu tenho ainda um sonho...Sonho que um dia todos os homens serão livres! Sonho que um dia toda a humanidade poderá gozar de liberdade, independente de sua raça, cor de pele, religião ou sistema político em que acredita...! Sonho que, sobre as colinas vermelhas da Geórgia, os filhos dos antigos escravos e os filhos dos escravizadores possam sentar-se juntos à mesa da fraternidade...! Sonho que o estado do Mississípi, repleto de opressão e brutalidade, seja transformado numa terra de liberdade e justiça...! Sonho que um dia, o Alabama se transforme em um estado onde as crianças negras possam dar as mãos às crianças brancas e andar juntas como irmãos e irmãs...! Eu tenho ainda um sonho...!*

Com esta fé eu volto para o Sul. Com esta fé arrancaremos da montanha da angústia um pedaço de esperança. Com esta fé poderemos trabalhar juntos, orar juntos, ir juntos à prisão, certos de que um dia seremos livres!

Quando isto acontecer, todos os filhos de Deus, brancos e negros, judeus e pagãos, protestantes e católicos, poderão dar-se as mãos uns aos outros e cantar aquele velho hino dos escravos: 'Finalmente livres! Finalmente livres! Graças a Deus onipotente, nós somos finalmente livres!" ("O Pensamento vivo de Martin L. King")

Esta possibilidade de milagre está inserida em várias passagens na bíblia. O "Credo" da Igreja Católica Romana professa e reza esta doutrina em suas missas. Os Protestantes não abrem mão dela. O Judaísmo, embora não admita a possibilidade de Jesus de Nazaré ser o Messias, também acredita que um dia haverá ressurreição dos justos e dos pagãos.

Mas talvez o ponto mais forte, da qual defende-se o milagre de uma ressurreição, seja o fato de acreditarmos que o próprio fundador do cristianismo tenha ressuscitado.

Quero chegar numa história que está relatada no Antigo Testamento, no segundo livro dos Reis de Israel, no capítulo quarto, a partir do verso oito.

Ali conta a história do profeta Eliseu exercendo seu ministério num período crítico da história da nação israelita.

O profeta se encontrava numa região próxima da cidade de Suném. E em suas andanças por aquele lugar, certa vez, uma mulher rica o convidou para almoçar em sua casa. O profeta andava acompanhado de um moço que era o seu serviçal. Ambos aceitaram o convite. A mulher ficou impressionada com a postura do profeta, sabendo que estava diante de um homem que estava sendo usado poderosamente por Deus. Durante muitos dias ela ofereceu comida para tão nobre viajante, até que um dia ela teve a idéia de oferecer-lhe pousada também. Como não queria importunar, ou até mesmo tirar a privacidade do profeta, sendo rica, consultou seu marido, e combinaram de lhe construir um cômodo à parte, na andar de cima da casa.

Eliseu se sentiu grato por tanta generosidade vindo daquele casal. Resolveu dar-lhes algo em troca. Ordenou ao moço que o servia, que chamasse a sunamita.

– Posso retribuir-lhe de alguma forma tua bondade para conosco? – Perguntou o profeta

– Tua serva não precisa de nada – respondeu a mulher

Então o moço disse ao profeta:

– Tenho observado, que este casal não tem filhos, e seu marido já é um homem idoso.

Então o profeta chamou a mulher, e lhe prometeu:

– Daqui há um ano amamentarás o teu próprio filho!

A mulher ficou tão espantada, que relutou em acreditar na palavra do homem de Deus.

Ter um filho era o sonho da vida desta mulher. Ela era rica, tinha uma ótima casa, um bom marido, e o filho era o sonho que ela acalentava no fundo do seu coração.

Pois bem, passado um ano o filho nasceu, conforme a previsão do profeta Eliseu.

A alegria inundou aquele lar. O casal vivia um sonho que se tornara realidade.

O anos foram se passando, e o bebê se tornou um garoto bonito. Até que um dia o menino estava no campo com o pai, e começou a sentir fortes dores de cabeça. O pai preocupado, mandou o empregado levar a criança urgentemente para a mãe. O menino, lamentavelmente veio a morrer no colo da mãe. O sonho acabou. A dor e a tristeza invadiram o coração daquela mulher. Ali sozinha, com o menino morto em seus braços. Um pensamento lhe ocorreu.

A coisa mais sensata que alguém poderia fazer numa situação destas, era chamar o serviço funerário e fazer os preparativos para um enterro bem decente para o filho. Ou talvez contatar o profeta para uma cerimônia fúnebre, e convidar os amigos e parentes para o velório. Ou na pior das hipóteses, pegar uma pá e cavar uma cova para enterrar o menino no fundo do quintal.

Mas ela não fez nenhuma destas coisas.

Ela se atreveu em ir atrás do profeta, pedir que o homem de Deus tomasse providências. Gosto da fé e da ousadia desta mulher. Ela queria Eliseu ressuscitasse o menino.

Chegou onde estava o profeta, e foi logo falando.

– Pedi por um acaso um filho para o senhor? Não disse ao senhor, para não me iludir?

O profeta entendeu, que ela estava brava e amargurada com a situação.

E é neste ponto que eu quero parar. Eu pergunto:

Quantas pessoas não desistem de seus sonhos?

Quantas pessoas não preferem mudar de direção, quando as coisa começam a não dar certo? É mais fácil se entregar ao desânimo?

Quantos empresários já desistiram de seus negócios? Quantos casais já desistiram de seu casamento? Quantos jovens já desistiram de seus ideais? Quantas pessoas já desistiram de lutar, por causa de suas adversidades?

Quando nossas tentativas são frustradas é mais coerente desistir, e então pegar o pá da incredulidade e enterrar os nossos sonho? É mais fácil sentar e então blasfemar da vida?

Pois bem, esta mulher não pensava assim. Ela não estava disposta a "dar o braço a torcer" para o fracasso. Ela acreditava em milagres! Ela tinha fé!

Fez com que o profeta voltasse para a sua casa. E acreditem só!

Ela colocou o menino morto em cima da cama onde o profeta costumava descansar.

Então, Eliseu fechou a porta, e ficou sozinho com o menino morto. Dobrou os joelhos e falou com Deus, pedindo que o morto se levantasse. Mas nada aconteceu.

Então o profeta se deitou em cima do menino e tentou transferir o calor do seu corpo para o corpo do menino. E a pele do menino se esquentou. Mas nada mais aconteceu. Levantou-se novamente, andou de uma parte para a outra, e tornou deitar sobre o menino. Então o milagre aconteceu. O menino espirrou sete vezes e abriu os olhos ressuscitando. O profeta abriu a porta, chamou a mãe e devolveu-lhe o seu filho vivo!

Quero encerrar esta história, mostrando três coisas que o profeta fez, para o milagre acontecer: Para o sonho "ressuscitar"

1º Ele ficou sozinho, com Deus e o problema – Orou à Deus. pediu à Deus pelo milagre.

2º Minha bíblia diz que:"Logo em seguida...". Veja bem, não adianta só orar. Tem que agir. O profeta orou e "logo em seguida..." ele fez alguma coisa. Não havia lógica, em tentar transferir o calor do corpo para o defunto. Mas ele tentou alguma coisa, e é isso que vale. Tentar sempre. Usar outros caminhos, outros métodos, outras estratégias.

3º O profeta não desistiu na primeira tentativa. A história mostra que ele andou de uma parte para outra logo após aquela tentativa frustrante. Então tentou de novo.

E isso eu chamo de "perseverança". Ele não pediu para chamar o caixão após nada ter acontecido. Ele tentou de novo e o milagre aconteceu!

"*Os sonhadores são os salvadores do mundo. Tal como o mundo visível é sustentado pelo invisível, assim os homens, através de todas as provações e seus pecados e suas sórdidas vocações, são nutridos pela bela visão dos sonhadores solitários. Compositor, escultor, pintor, poeta, profeta, sábio – esses são os autores do após-mundo, os arquitetos do céu. O mundo é belo porque eles tem vivido.*

Quem acaricia uma bela visão, quem tem no coração um alto ideal, um dia o realizará. Colombo acariciava a visão de outro mundo, e descobriu-o. Copérnico nutria a visão de uma multiplicidade de mundos e de um universo mais amplo, e os revelou.

A proeza máxima foi, a princípio, e por algum tempo, um sonho. O carvalho na bolota, o pássaro espera no ovo. Os sonhos são as sementes da realidade". (James Allen, Visões e Ideais)

"*Um mapa do mundo que não inclua utopia não é digno de receber uma olhada sequer porque omite justamente o país em que a humanidade está sempre desembarcando*". (Oscar Wilde, citado por Will Durant em Os Prazeres da Filosofia)

Porém vivemos num mundo, onde sonhos podem ser enterrados, sonhos podem ser frustrados, sonhos podem nunca, jamais se tornarem realidade; sonhos que podem ser invejados e também destruídos.

Mas estas realidades que militam contra nossos sonhos, jamais deveriam permitir, que nos tornássemos estéreis quanto a capacidade de gerarmos outros sonhos.

Haverá momentos em nossas vidas, que só restarão os nossos sonhos. Como companheiro fiel, qual numa jornada onde basicamente viajamos sozinhos a maior parte do tempo, pois quando os amigos se afastarem, a família se tornar distante, o dinheiro acabar. Então, só eles nos manterão vivos e esperançosos. Enquanto tivermos capacidade para sonhar, é sinal que continuamos vivos.

"Não enterre os seus sonhos!"

Capítulo 6

Superando as Perdas do Passado

"A vida só pode ser compreendida olhando-se para trás, mas só pode ser vivida olhando-se para a frente"
Sören Kierkegaard – filósofo dinamarquês

"...esquecendo das coisas que atrás ficam, e avançando para as que estão adiante, prossigo para o alvo..."
Paulo - Apóstolo

"Que homem dentre vós, tendo cem ovelhas, e perdendo uma delas, não deixa no deserto as noventa e nove, e não vai após a perdida até que venha achá-la? E achando-a, a põe sobre os seus ombros, feliz da vida; E chegando a casa convida os amigos e vizinhos dizendo-lhes: Alegrai-vos comigo porque já achei minha ovelha perdida....

Digo-vos que assim haverá maior júbilo no céu por um pecador que se arrepende do que por noventa e nove justos, que não necessitam de arrependimento.

Ou qual a mulher que tendo dez moedas, se perder uma moeda, não acende a lâmpada, e varre a casa, e procura com cuidado até encontrá-la? E achando-a, convida as amigas e vizinhas, dizendo: Alegrai-vos comigo, porque já achei a moeda que eu tinha perdido.

Eu vos afirmo que, de igual modo, há júbilo diante dos anjos de Deus por um pecador que se arrepende.

E continuou: Certo homem tinha dois filhos; o mais moço deles disse ao pai: Pai, dá-me a parte dos bens que me cabe. E o pai repartiu o que lhe era de direito.

Passado não muitos dias, o filho mais moço, ajuntando tudo o que era seu, partiu para uma terra distante e lá gastou toda a sua herança, vivendo dissolutamente.

Depois de ter consumido tudo, sobreveio àquele país uma grande fome, e ele começou a passar necessidade.

Então, ele foi e se juntou a um dos cidadãos daquela terra,e este o mandou para os seus campos a guardar porcos. Ali, desejava ele fartar-se das alfarrobas que os porcos comiam; mas ninguém lhe dava nada.

Então, caindo em si, disse: Quantos trabalhadores de meu pai têm pão com fartura, e eu aqui morro de fome! Levantar-me-ei, e irei ter com o meu pai, e lhe direi: Pai, pequei contra o céu e diante de ti; Já não sou digno de ser chamado teu filho; trata-me como um dos teus trabalhadores.

E, levantando-se foi para seu pai. Vinha ele ainda longe, quando seu pai o avistou, e compadecido dele, correndo, o abraçou, e beijou.

E o filho lhe disse: Pai, pequei contra o céu e diante de ti; já não sou digno de ser chamado teu filho.

O pai, porém, disse aos seus servos: Trazei depressa a melhor roupa, vesti-o, ponde-lhe um anel no dedo e sandálias nos pés; Trazei também e matai o novilho cevado. Comamos e regozijemo-nos, porque este meu filho estava morto e reviveu, estava perdido e foi achado. E começaram a regozijar-se.

Ora, o filho mais velho estivera no campo; e, quando voltava, ao aproximar-se da casa, ouviu a música e as danças.

Chamou um dos criados e perguntou-lhe que era aquilo.

E ele informou: Veio teu irmão, e teu pai mandou matar o novilho cevado, porque o recuperou com saúde.

Ele se indignou e não queria entrar; saindo, porém, o pai, procurava conciliá-lo. Mas ele respondeu a seu pai: Há tantos anos que te sirvo sem jamais transgredir uma ordem tua, e nunca me deste um cabrito sequer para alegrar-me com os meus amigos; Vindo, porém, esse teu filho, que desperdiçou os teus bens com meretrizes, tu mandaste matar para ele o novilho cevado.

Então, lhe respondeu o pai: Meu filho, tu sempre estás comigo; tudo o que é meu é teu.

Entretanto, era preciso que nos regozijássemos e nos alegrássemos, porque este teu irmão estava morto e reviveu, estava perdido e foi achado".

Três parábolas foram contadas aqui. As três falam de perdas.

Jesus Cristo tinha um método extraordinário de ensino. Ele tinha por costume usar fatos corriqueiros, ou então dramas reais vividos por pessoas de sua época, e aplicá-los em realidades abstratas, porém reais e profundamente importantes em nossas vidas, criando um paralelo claro entre ambas as coisas.

Nenhuma história contata por ele, entretanto, foi para entretenimento de seus ouvintes, ou como um forma de passar o tempo. Todas tinham um significado. Cada parábola exemplificava uma verdade, uma realidade, um princípio aplicável à nossa existência. Coisas que aconteciam de forma, invisíveis, intangíveis, imperceptíveis, eram claramente entendidas pelo método didático das parábolas.

Havia uma segunda razão também, pela qual ele usava as parábolas – as pessoas lembrariam para sempre de seus ensinos e de seus princípios neles aplicados.

E por último, as histórias eram simples e cativantes, porque eram experiências tiradas do dia a dia das pessoas. E elas se identificavam com estas histórias.

Estas três parábolas reunidas por Lucas, no capítulo quinze do livro que leva o seu nome, pintam com cores fortes, a triste realidade de quem sofreu, se afligiu, se entristeceu, porque perdeu algo e depois teve a satisfação insuportável de gozar sozinho a alegria de ter conseguido achar, recuperar, encontrar, obter de volta àquilo que se havia perdido.

Perdas, todos nós já sofremos, inclusive o próprio Deus. Deus sabe o que alguém sente quando perde àquilo que ama, e que tem valor. Na verdade todas estas parábolas retratam àquilo que Deus sentiu quando viu que sua criação havia se desviado do projeto e do propósito, para o qual haviam sido criados.

Duas delas mostram a aflição da pessoa que sofreu a perda. E a do filho pródigo, fala do sofrimento do filho experimentado longe da retaguarda amorosa de seu velho e bondoso pai.

Vivemos em um mundo onde a possibilidade de perda é constante. Não sabemos, na maioria das vezes, qual o caminho que ela vai tomar e vir ao nosso encontro. Ela pode nos causar surpresas, choques, traumas terríveis em nossa alma.

Perde-se a saúde, o dinheiro, o casamento, a liberdade, uma pessoa querida, a paz de espírito, as oportunidades, o tempo, enfim, são tantas as possibilidades que parece difícil de mencioná-las todas.

Uma jovem senhora uma vez veio me procurar, estava desconsolada, pensava na terrível hipótese de se matar naquele momento. Então contou-me ela sua tragédia. Durante oito anos estava mantendo uma relação amorosa com um homem casado. Era costume dele, quase todos os dias ligar em seu escritório para desejar-lhe um bom dia. Com freqüência saiam juntos a cada semana. Mandava –lhe flores sempre que podia. E ela se encantava com tanta atenção e romantismo. Um dia brigaram, durante uma semana não se falaram, nem por telefone. Já tinham discutido antes e tudo não passava, pensava ela, de mais uma briga casual entre os amantes. Porém, os dias foram passando e nada dele ligar. Como "a outra" que era, tinha a desvantagem de não poder ligar na empresa na qual ele trabalhava e da qual era sócio junto com o seu sogro. Os dias foram se passando, então ela resolveu ficar de tocaia na porta da empresa e da casa onde ele morava. Mas nenhum sinal dele. Até que disposta a desvendar seu sumiço, entrou na empresa que ele gerenciava e perguntou a uma das funcionárias de seu paradeiro, tendo como resposta:

– Ele faleceu há duas semanas. Em uma noite quando voltava para sua casa, foi surpreendido por dois ladrões, que o aguardavam na penumbra da noite em frente a garagem de sua casa. Morreu em frente de sua esposa e de seus dois filhos. Ela ficou arrazada.

A morte de quem amamos, causa um vazio terrível. E o pior de tudo, ela é inevitável.

Um encontro marcado em Samarra

Uma lenda antiga conta de um mercador de Bagdá que, certo dia, mandou seu servo ao mercado. Dentro de pouco tempo o servo voltou, pálido e trêmulo, e, grandemente agitado, disse ao seu senhor: "Lá na praça do mercado fui empurrado por uma mulher na multidão, e quando me virei, vi que era a morte que me empurrara. Ela olhou para mim e me fez um gesto ameaçador. Senhor, por favor, empreste-me seu cavalo, pois terei que fugir para evitá-la. Cavalgarei até Samarra, e ali me esconderei, e a morte não me achará.

O mercador emprestou-lhe seu cavalo e o servo saiu galopando com grande pressa. Mais tarde, o mercador desceu à praça do mercado e viu a Morte em pé entre a multidão. Foi para onde ela estava e perguntou: "Por que a senhora assustou meu servo hoje de manhã? Porque fez um gesto ameaçador?"

"Aquilo não era um gesto ameaçador," respondeu a Morte. "Foi apenas um sobressalto de surpresa. Fiquei atônita ao vê-lo em Bagdá, pois tenho um encontro marcado com ele hoje à noite em Samarra."

Cada um de nós tem um encontro marcado em Samarra. Mas este é o motivo de regozijo, e não de medo, posto que já colocamos nossa confiança nAquele (Jesus) que é o único que segura as chaves da vida e da morte. (extraído: "A pregação Bíblica" – Edições Vida Nova)

A dor da perda, pode se tornar uma ferida profunda e paralisante em nossas vidas. A perda machuca, dói, cria um vácuo dentro da gente, arraza nossos sonhos e corações, rouba nosso tempo de vida, nossa alegria.

Existem perdas que mudam a direção das nossas vidas. Existem perdas que nos mudam completamente. Mudam a nossa maneira de olharmos a vida.

Podemos até mesmo viver em função de tentativas de recuperarmos o que perdemos. Podemos perder tempo tentando recuperar o que jamais será recuperado. Podemos estar num ciclo de constantes perdas, e não percebermos por causa da dor daquela perda primária que nos cegou completamente para as coisas que ainda não perdemos, mas que corremos o risco de elas escorregarem entre os nossos dedos por causa deste processo todo.

Podemos vencer esta situação se conseguirmos entender que existem perdas irrecuperáveis. E coisas perdidas que podem ser recuperadas depois. Sei que isso é uma conclusão lógica e até simplista.

Mas se isto é uma conclusão simples e lógica, por que não conseguimos superar as perdas de determinadas coisas em nossas vidas? Por que na hora da dor, das dificuldades, das tribulações "*choramos sobre o leite derramado*"? Por que nestes momentos de lutas, não conseguimos nos perdoar, ou seja, esquecer determinadas perdas que sofremos? Por que, nas épocas difíceis que atravessamos costumamos a nos referir que os dias passados foram melhores do que o presente?

E se existem perdas que se enquadram na categoria de coisas irrecuperáveis, por que continuamos lamentar estas perdas como que tentando sensibilizar o passado a nos trazê-las de volta para o presente?

Então, se você perdeu coisas que sabe que não vai mais conseguir recuperá-las, por favor, esqueça esta perda! Procure se desvincular das lembranças desta perda.

Se você perdeu um ente querido e amado, tenha em sua lembrança aquilo de bom que foi compartilhado juntos, mas procure não permitir que as tristezas da saudade subtraia de tua vida o tempo precioso que pode ser vivido, com a graça de Deus, abundantemente, com muitas pessoas amadas e queridas que ainda acompanham a tua jornada.

Não permita que a tua vida, teus negócios, tuas relações pessoais fiquem envenenadas em razão de uma perda irrecuperável.

Sei que parece até desumano dizer isto, principalmente àquele que ainda está sob o impacto de uma grande perda. Mas sei também, que existem pessoas amarguradas com a vida, simplesmente porque não conseguem superar tal tristeza

Moisés está morto!

Moisés foi um dos maiores líderes no Antigo Testamento, quando ele morreu, um profundo impacto de desamparo acometeu os hebreus. Por quarenta anos ele tinha liderado o seu povo. Tinha sido o referencial, o amigo, o líder, o pai, o modelo para todos aqueles israelitas durante tanto tempo. Porém, agora ele estava morto. Durante quarenta dias Israel chorou a sua morte. Parece que eles não iam conseguir se recuperar daquela perda. Moisés era insubstituível – pensavam.

Josué ficou com a triste e dura tarefa de assumir o controle da nação. Mas como? Ele mesmo se sentia incapacitado! O que ele poderia fazer sem Moisés? Josué estava emocionalmente acabado; estava tremendamente abalado.

Então, a Palavra de Deus aparece em cena e Deus diz à ele: "Moisés meu servo, está morto, o que ele tinha para fazer, foi feito. Agora, é tua vez Josué! Esforça-te! Anima-te! A história continua! E continua com você! Assim como fui com Moisés, assim serei contigo; não te deixarei, nem te desampararei. Mas, você precisa se animar. Precisa se levantar. Moisés está morto, e nada vai traze-lo de volta. Tão somente, lembra-te de como fui com ele assim estarei contigo.

Não estou te ordenando? Esforça-te e tenha muito ânimo; não tenhas medo e nem retrocedas; porque o Senhor teu Deus está contigo, por onde quer que andares"(*tradução livre* de Josué 1:2,9).

Josué precisava entender que a história ia continuar, e que ele iria desempenhar um papel único e fundamental nela. Sua participação na continuidade do futuro de seu povo ia depender exclusivamente de seu envolvimento, de sua experiência e principalmente das instruções que foram passadas por Moisés durante todos aqueles anos que eles estiveram juntos, experiências estas, que só ele teve o privilégio de ter juntos e que deveriam prepará-lo para aquele momento crucial e esperado da nação.

Continuando, mais adiante você verá que este homem conseguiu superar aquela fase difícil e também conquistou vitórias que nenhum outro conseguiria conquistar naquele momento.

Por isso, abra o coração para novas oportunidades de Deus em sua vida. Permita que as pessoas penetrem em seu coração novamente.

A ovelha foi achada, a moeda encontrada, e o filho retornou ao lar

Quando lemos as três histórias contadas por Jesus, uma coisa fica evidente; todo sofrimento, aflição e angústia da perda pode ser superada pela alegria do retorno, da restituição, do encontro daquilo que foi perdido.

Gosto destas parábolas. Elas colocam Deus numa situação semelhante a minha. Seus sentimentos se identificam comigo. Logo eu percebo, que Deus não é um ser assim tão distante, tão abstrato, tão alienado, tão insensível como alguns querem me fazer pensar. Ele se comporta como eu, tanto como quando eu perco, assim como quando eu recupero o que foi perdido.

Jesus chega ao "cúmulo" de dizer que ele faz festa no céu, quando o filho distante resolve voltar para Ele. Sua alegria é tanta, que ele resolve festejar junto com os anjos lá no céu.

Isto nos dá a entender que, existem coisas que podem ser achadas novamente. Existem situações em que, podemos recuperar o que foi perdido. E isto nos trás esperança novamente.

Mais uma última observação, das três parábolas mencionadas, uma fala da perda de um animal, de uma moeda e de uma pessoa.

Uma ovelha é um animal irracional, por isso precisa ser encontrada. O pastor teve que ir atrás. A ovelha não sabia voltar sozinha para casa, não sabia o caminho de volta. O pastor deixou a preguiça de lado, tomou o caminho da estrada e foi atrás da ovelha perdida até encontrá-la.

Ou seja, tem coisa que a gente perde, e que, para recuperá-la novamente, tem que ir atrás. Ir à luta. "Correr atrás do prejuízo". Não adianta ficar se lamentando, chorando, reclamando. Tem que ter disposição, e ir buscar o que se perdeu. E mais; a ovelha, quanto mais demorada fosse a sua busca, mais ela se embrenharia nas colinas e no mato. Ela tinha pernas e podia andar.

Tem perdas que quanto mais você demora para ir atrás, mais difícil vai ficando de recuperar o que se perdeu.

A moeda, mesma coisa. E até foi mais simples e menos trabalhoso. Bastou acender a luz, pegar a vassoura e varrer a casa. Foi fácil. Foi simples.

Mas agora, o filho pródigo, é outra história. Ele era gente. Tinha vontade própria. E o pai teve que esperar pacientemente o moço se conscientizar da bobagem que havia feito e voltar para a casa com os seus próprios pés.

De nada adiantaria discutir com o rapaz antes. Ele teria que experimentar o amargor da separação, e então voltar arrependido, valorizando aquilo que havia desprezado.

Creio que nem preciso fazer a aplicação desta analogia.

Só que tem um detalhe: o pai recebeu o filho de volta e nem tocou no assunto ocorrido. Não jogou na cara do moço o erro que ele havia cometido. Não se vingou do rapaz, humilhando-o e desprezando-o E sabe por quê? Porque isto se chama perdão real, verdadeiro. Perdão total; que esquece; que sofre um tipo de amnésia. Porque é preferível agir assim, que ficar remoendo tudo aquilo de novo.

E aqui vai um conselho para casais que viveram casos de traição. Ou você perdoa de verdade e esquece, ou então admite que não tem capacidade de perdoar e vai viver a sua vida a sua maneira, e não fica transformando seu dia a dia e o da sua família, numa constante repetição do caso da traição e discussão e brigas.

Um rapaz certa vez, veio falar disso comigo. Disse que realmente tinha sido infiel, e traíra sua esposa. Quase perdeu a família nesta aventura. Porém se arrependeu profundamente e implorou com lágrimas para sua esposa o perdão. Ela perdôou, mas daquele jeito de quem não esquece. Todo dia ela tocava no assunto. Sete dias por semana. Trinta e um dia no mês. Trezentos e sessenta e cinco dias no ano. Ela tocava no assunto de novo, de novo, de novo. As crianças assistiam muitas desta brigas e discussões, todos os dias.

Desse jeito "o filho pródigo" não agüenta permanecer na "casa do pai". Vai preferir voltar para o meio dos porcos. Perdão é isso: 100%, ou nada.

Digo, que um perdão perfeito, dói muito mais na consciência do ofensor, do que brigas. Humilha mais e constrange mais o ofensor, do que vinganças. O perdão perfeito coloca o ofensor em uma dívida para sempre com você, porque lá no íntimo ele vai se sentir indigno e grato diante de você.

"As recordações embelezam a vida; mas só o esquecimento a torna tolerável."

(General Cialdini- ACIGI, Mansour Challita)

Capítulo 7

Investindo o Tempo que Tenho

"Pede conselho aos dois tempos: ao antigo, sobre o que é melhor; ao moderno, sobre o que é oportuno"
Francis Bacon – filósofo inglês

"...usando bem cada oportunidade."
(Colossenses 4:5)

Gosto de histórias infantis.

Além de serem fáceis de se lembrar, geralmente elas contém uma lição de moral, e ilustram situações verdadeiras. Na escola ainda criança, ouvi muitas delas nas quais a raposa, o coelho, o lobo, eram os personagens principais. Nunca as esqueci.

Recordo-me de uma, onde uma lagarta era o ator principal.

Zeca, era uma lagarta, muito feliz. Morava em um parque bastante arborizado. Ali nada faltava. Porém, um dia percebeu o quanto esquisito ele era. Não possuia pernas, tinha um corpo roliço, andava rastejando, e o mais estranho era que, por onde passava, uma secreção, um líquido asqueroso saía de seu corpo. Ao rastejar deixava um rastro, que ao brilho do sol, até um reflexo fazia. Pensava até que era parente distante de sua amiga lesma. Os outros insetos, pareciam mais bonitos do que ele. Porém resolveu não pensar muito nisso, para não se entristecer.

Um dia Zeca olhando para cima, resolveu construir sua casa no galho de uma árvore. Era estranho, de repente ele sentiu desejo de mudar de residência; afinal de contas, lá de cima tudo parecia mais bonito. E também não correria o risco de ser pisado por algum humano. Ali no chão ele podia ouvir o quanto as crianças e os adultos tinham nojo dele. Por isso mudou-se para o galho daquela árvore.

Estando lá em cima, começou a construir sua casa. Usando a secreção que saía de seu corpo, misturando com o pó fino da madeira, deu início a construção de seu casulo. As paredes foram sendo construídas em volta de seu corpo, pois tinha que ser uma casa bem adequada ao seu tamanho. Estranhamente ao término de sua construção, um sono, uma preguiça, uma moleza irresistível começou a tomar conta de Zeca. Concluiu a casa rapidamente e resolveu em seguida tirar uma soneca dentro de sua nova casa. Zeca caiu num sono profundo...

O tempo foi passando e Zeca continuava dormindo... Até que um dia ele acordou. Levou um susto. A casa estava demais de apertada. O pânico tomou conta de Zeca, e ele quis sair dali o mais depressa possível. Arrebentou as paredes de seu casulo, e quando a luz entrou, seu espanto foi maior ainda percebeu que o seu corpo havia mudado. Duas asas coloridas tinham crescido em Zeca. Sentiu vontade de testá-las e então súbita e instintivamente pulou da árvore e começou a voar, ao mesmo tempo em que viu uma criança apontar o dedinho para ele e gritar para sua mãe: "Olha! Olha mãe, que borboleta colorida!"

Deus nos fez do jeito que somos.

Talvez, algumas vezes você já se sentiu como a lagarta desta história. Sentiu na pele suas limitações e deficiências. E para piorar a situação, vivemos num mundo onde bombardeiam diariamente nossa auto-estima. Este é um mundo onde a competitividade é implacável. Onde a *boca maior engole a menor*. Onde os mais "fortes" e os mais "perfeitos" é que vencem. Propagandas de produtos vendidos pela televisão, revistas, out-door, Internet e outros veículos publicitários, chegam até apelar para o ridículo na tentativa de convencer o consumidor. Dizem eles que, "um sabonete pode mudar sua vida"! Ou então, "esta pulseira, é tudo que você precisa para ter uma vida vitoriosa"! Ou ainda, "nada está dando certo em tua vida, porque você está usando o "creme dental" errado"!

Será que estou exagerando? Será que isto é fruto da minha imaginação? Pois bem, então você vai e adquire o produto que eles estão anunciando, sente-se feliz, pensa consigo mesmo, "tudo vai dar certo agora! Meus problemas finalmente acabaram"!. Porém, dias depois descobre-se que a vida continua do mesmo jeito, e que os problemas que estavam sendo enfrentados antes da compra do maravilhoso produto, persistem teimosamente a perseguir a tua vida. É uma tolice aquele que acredita neste tipo de propaganda apelativa. E infelizmente, estas mensagens, imperceptivelmente, penetram em nosso subconsciente a ponto de começarem a modelar a nossa maneira de viver e encarar a vida. Tudo o que eles querem, é na verdade, vender o seu produto!

Agora, vamos um pouco mais adiante. Existe hoje, o que eu costumo chamar de, o "culto-do-corpo-perfeito". A insaciável busca da perfeição física. Não me refiro as questões necessárias que devemos ter quanto a saúde e a beleza do nosso corpo. Aqui eu me refiro à estética perfeita, plástica, quase sintética, química, obsessiva, que se cultiva hoje. Serve também como instrumento de propaganda, produto de venda. Pensa-se então que, ao conseguir o corpo perfeito, seremos valorizados. Seremos notados. Seremos aceitos.

Alguns adolescentes vivem o drama de pensar que se talvez não tivesse o nariz tão comprido, estaria tudo bem. Ou então, a mocinha começa a acreditar que se não tivesse as pernas tão finas, conseguiria conquistar aquele rapaz. E aquele jovem que se olha no espelho achando que suas orelhas de "abano" são um estorvo para a sua felicidade. E estas "sardas" no meu rosto - pensa a jovem adolescente – são horríveis! Estes são os complexos físicos, que todos nós carregamos, às vezes até a mais avançada idade.

Existem problemas mais sérios e mais profundos. Como por exemplo, nossa formação familiar.

Nem todos tem o privilégio de nascer num lar sadio e bem estruturado. Conheço uma pessoa que nasceu numa família de oito irmãos, e tudo o que o padrasto sabia fazer na hora em que estava embriagado era descobrir na prática, as mais variadas formas de espancar os filhos.

Ou então, o caso daquela jovem senhora, que veio aos prantos nos procurar pedindo oração para que Deus lhe desse forças para cuidar de suas duas filhas, pois havia descoberto, que o homem com quem há dois anos vivia apaixonadamente e que, havia recolhido para dentro de sua casa, estava mantendo relações sexuais com as duas filhas, inclusive a mais nova de doze anos; e o mais trágico ainda, é que, as três tinham sido infectadas com o vírus da AIDS. Para esta mulher, naquela hora, a vida tinha acabado, e ela não só se suicidou, porque o amor pelas duas filhas ainda a sustentava.

Ou então o caso daquela jovem, que não conseguia se relacionar com nenhum rapaz, porque em cada namorado com quem saía, na hora do abraço e do beijo, surgia a figura macabra do rosto de seu irmão mais velho, que na infância a procurava, e que quase todas as noites ia em seu quarto, em sua cama, e a molestava sexualmente.

Ou então o caso daquele moço, que se afundou no mundo das drogas e numa vida promíscua, porque cresceu ouvindo de seus pais, todo tipo de maldição e praga e o quanto ele era um "burro" e que nunca iria conseguir vencer na vida.

Pois bem, poderia descrever muitos dramas vividos por pessoas com quem tenho me encontrado durante estes anos, e pelas quais tenho tentado prestar algum tipo de ajuda espiritual através da oração e aconselhamento bíblico.

Mas algo interessante tenho percebido nestas pessoas. Algumas, apesar das profundas feridas causadas por estas experiências, conseguem superar o trauma, e transformá-los em energia interior para vencer obstáculos e escrever uma história bonita em sua vida e na vida de outros. Por outro lado, muitas delas ficam paralisadas no tempo, ficam amarguradas, fechadas, enclausuradas, engessadas, é como se a vida não tivesse mais sentido. Todas as coisas erradas que acontecem depois, elas em seu interior, atribuem ao trauma sofrido; as vezes muitos anos depois do ocorrido. Pessoas magoadas, vencidas pelo ódio. Onde o perdão não encontra espaço em suas vidas.

Agora eu pergunto: Quem realmente sai prejudicado na vida e na história daquele que não consegue perdoar e esquecer o ofensor?

A mágoa é uma coisa terrível, pois ela nos prende à pessoa que nos machucou e nos ofendeu. Carregamos ela conosco. A pessoa que nos machucou se torna o nosso carrasco, dia e noite nos acompanha. Até nos momentos mais felizes de nossas vidas, o fantasma de sua lembrança pode exaurir nossa alegria. E não importa o tempo e nem a distância; ficamos presos a ela como por uma corrente invisível. Só o perdão pode nos libertar.

A mágoa pode se tornar uma entidade, uma força estranha e até doentia. Conheci o caso de uma senhora, que sofria tristezas profundas; angústias as quais a paralisavam totalmente em suas atividades diárias. Perguntei-lhe a causa, e ela me respondeu que era o seu filho; o moço tinha sido a vida todo ingrato com ela, culpava-a pelo divórcio e pela separação do pai. Ela cuidou com muito carinho do rapaz, trabalhou duro para pagar os estudos do filho, porém o moço a amaldiçoava constantemente. Aquilo foi criando uma ferida muito profunda em sua alma por aquele filho. Então contei a ela sobre o amor de Deus que nos capacita a liberar o perdão até para os nossos inimigos. Mostrei-lhe na bíblia alguns textos, iluminando essa possibilidade, então me voltei para ela dizendo que de alguma forma deveria liberar ali, naquele momento, o perdão ao seu filho, mesmo ele não tendo conhecimento da mágoa que tinha lhe causado. Ela me olhou toda constrangida, como que caindo em si, e me perguntou: "Mas como? Se ele já está morto. Foi fulminado por um câncer no ano passado".

O que estou tentando te transmitir através destas situações, é que nada é motivo suficiente para atrapalhar a tua vida. Tua vida é preciosa demais. E desgraça alguma está a altura do valor de tua vida, e que consequentemente seja capaz de impedir que os propósitos de Deus se cumpram em você. E só você, unicamente você, é capaz de decidir o rumo que sua história deve tomar. Pois você é o único que sabe, onde e como, deve administrar da melhor maneira possível o seu tempo.

Você é o único dono do seu tempo

O tempo foi uma das primeiras coisas que Deus criou. Muitas coisas em nossas vidas precisam de tempo.

Quando temos pressa, ele parece um estorvo. Quando vivemos um momento maravilhoso, então desejamos que o relógio pare. Ele pode também ser um remédio, cicatrizando profundas feridas em nossa alma. É verdade que existem fatos, que o tempo não consegue apagar, mas pelo menos ele nos ajuda a distanciarmos de tristes acontecimentos. Neste aspecto ele é sempre bem vindo.

"O tempo não só cura, mas também reconcilia" (Victor Hugo)

Um dos capítulos mais lindos da Bíblia está logo no seu início, é o primeiro capítulo que descreve a criação do planeta Terra. Fico feliz de saber que meus primeiros progenitores não vieram dos macacos. Não tenho nada contra os macacos, e nem pretendo ofendê-los. Talvez eles gastem o seu tempo melhor que muitos seres-humanos.

O capítulo um de Gênesis inicia-se de forma linda, mostrando o Criador "concentrado", trabalhando. Ele tem um projeto em sua mente, um paraíso a ser criado, pesa os custos e as conseqüências deste plano, e acredita que vale a pena dar início. Cria a Luz cósmica, a abóbada celeste, com sua atmosfera adequada, faz separação da terra e do mar, cria os reinos vegetal, mineral e animal, põe neles o Sol a Lua e as estrelas, e finalmente forma o Homem, passando a ele administração do planeta.

Deus tem algumas lições para nos ensinar aqui:

- Deus é criativo. Ele não copia; inventa.
- Deus é organizado. Transforma o caos, a bagunça, a desordem, em um paraíso.
- Deus trabalha por etapas, sabe o que vai fazer; planeja.
- Deus trabalha com metas, sabe onde quer chegar.
- Deus tem prazer no que faz, se sente satisfeito com os avanços, "curte a criação".
- Deus termina o que começa, não pára na metade, não deixa algo inacabado.
- Deus tira um dia para descanso - é interessante ele pensar nisso!

Deveríamos aprender com Ele, e aplicarmos estes princípios em nossas vidas.

É impossível administrarmos bem o nosso tempo, sem primeiro estabelecer as nossas prioridades.

– Que prioridade assume o primeiro lugar em sua vida?

– Onde você quer chegar?

– Quais são seus planos? (Provérbios 16:1)

– Em que área de sua vida você tem gasto a maior parte do seu tempo?

– Isto realmente tem valor? É importante?

Pense e reflita nestas perguntas. Quem quer aprender a fazer bom uso do tempo de vida que tem, precisa pensar seriamente nisso. Ouvi alguém dizer, que jamais deveríamos deixar que o urgente, tomasse o lugar em nossa vida daquilo que é importante. Urgência não é sinônimo de importância

Pois bem, há três parábolas nos evangelhos, contadas por Jesus, que nos ensina acerca dos recursos, oportunidades e talentos que Deus colocou em nossas mãos.

A primeira, fala das dez minas (uma moeda daquela época) – Lucas 19:11-27. As minas representam as oportunidades da própria vida, igual para todos, pois cada servo recebeu a mesma quantidade de moedas, dez servos, dez minas, uma mina para cada servo, foi aquilo que eu disse no capítulo II, que o presidente dos Estados Unidos tem a mesma quantidade de tempo, tem as mesmas limitações físicas que você e eu.

A segunda parábola é dos dez talentos – Mateus 25:15. As duas parábolas não são as mesmas, embora pareça haver alguns pontos semelhantes. O contraste está no fato que, nesta passagem cada um recebeu a quantidade de talento segundo a capacidade da própria pessoa. Isso mostra que, não há ninguém que não tenha recebido pelo menos um dom, um talento, uma oportunidade, do Pai celestial, para a realização de alguma coisa.

A terceira é a parábola do administrador- Lc.16:1-13. É uma passagem que nos ensina a engenhosidade do personagem central da parábola em se usar as oportunidades presentes para assegurar o futuro.

Esta parábola nos mostra que: 1º Temos que ter às vezes prejuízos na terra, para podermos obter lucro no Céu, isto é, nem sempre espere retorno imediato do tempo que você investe em determinados projetos; 2º Investimos os bens efêmeros para ganharmos almas eternas, ou seja, vale a pena abrir mão de lucros passageiros, materiais, quando está em jogo vidas preciosas; 3º Administramos os bens alheios para recebermos riquezas nossas. 4º E finalmente nestas parábolas entendemos que um dia teremos que prestar contas a Deus do uso do tempo, recursos, talentos, oportunidades que Ele nos outorgou (IICor. 5:10). Sabendo disto, segue agora alguns conselhos para você que está consciente da importância da administração do seu tempo.

- Planeje seu dia, colocando em primeiro lugar as coisas mais importantes; lembre-se: "Não deixe o que é urgente tomar em sua vida o lugar daquilo que é importante".
- Tenha objetivo definidos, estabeleça metas.
- Procure ser disciplinado sem deixar de ser criativo e expontâneo.
- Subtraia lições dos problemas e tire proveito das dificuldades que vierem ao seu encontro.
- Nunca se deixe dominar pelo desânimo.
- Reserve um dia para descanso e reflexão. Deus trabalhou seis dias mas no sétimo descansou. Na verdade, Deus avaliava e se deleitava ao final de cada dia, da obra que tinha feito. Siga o mesmo exemplo.
- Ore a Deus diariamente pedindo sabedoria (Tiago1:5).

Quero encerrar este capítulo, comentando um episódio na vida de Davi, que nos ensina mais um importante princípio:

Grandes oportunidades às vezes estão escondidas nas pequenas tarefas do dia a dia. Leia na bíblia, no Antigo testamento, no livro de I Samuel capítulo 17 a partir dos versos 17 a 58, que nos mostra como foi que o rei Davi teve a sua primeira oportunidade na história pública de sua nação.

Seu pai Jessé lhe deu uma pequena tarefa, que era, levar mantimento para seus irmãos mais velhos que estavam no campo de batalha, Davi obedeceu, não sabendo ele que a oportunidade estava escondida naquela simples obediência à ordem de seu pai, e que depois daquele dia sua vida nunca mais seria a mesma.

Para quem talvez um dia estava destinado a ser um herói nacional, levar mantimento para seus irmãos no campo de batalha, não era grande coisa.

Isto é, em nossa vida nada é casual, nada é sem importância, até as pequenas tarefas, podem oferecer boas oportunidades, basta estar atento.

Jesus Cristo disse: "Quem é fiel no pouco também é fiel no muito; e quem é injusto no pouco também é injusto no muito". (Lucas16:10) "*O maior dos erros é a pressa antes do tempo e a lentidão ante a oportunidade*". *(provérbio árabe).*

Conclusão

O que é Kairós?

Logo após o meu casamento, tive a oportunidade de passar dois meses no Sul do Chile. Uma instituição missionária havia nos convidado para estar auxiliando e compartilhando experiências com uma tribo indígena chamada Mapuches.

Eles cultivam o trigo. Produzem uma variedade de receitas de alimento derivados do trigo. Ficamos hospedados na casa de uma família cujo chefe se chamava Onofre e que, tinha uma lavoura de trigo em suas terras. Naqueles dias ele me contou sobre um método que praticava de plantar o trigo sem perder tempo na primavera, verão e outono com o plantio da semente; tempo que ficava reduzido pelo rigoroso inverno que controla o sul do Chile. Mais tarde fiquei sabendo também que, alguns lavradores que vivem nas distantes regiões dos países do hemisfério norte, exercem este mesmo princípio interessante de cultivo em suas lavouras de trigo.

Nestas regiões o inverno é bastante rigoroso, além de se estenderem por vários meses. Alguns países como na Suécia por exemplo, o inverno dura até seis meses no ano, por isso a época do plantio e da colheita tem que ser bem planejada. Eles usam então um método prático para não perderem a estação da colheita.

No início do inverno, dias antes da descida da neve, eles lançam a semente no solo que se encontra preparado para receber a semente, cobrem a semente de maneira que o gelo não "queime", ou seja, não tenha contato direto com a semente, então durante o inverno, quando a neve cai, o gelo cobre a superfície do solo onde a semente já está depositada. Durante seis meses aproximadamente, a semente fica ali congelada debaixo da terra, protegida pelo próprio gelo que poderia destruí-la; ali escondida no chão, ela fica esperando o momento certo para germinar. Então quando acaba o inverno, e o sol começa a derreter o gelo, a semente tem o benefício de receber a primeira irrigação da própria neve derretida que a conservou no inverno. Durante o segundo semestre ela já cresce com rapidez, permitindo que sua colheita aconteça antes do próximo inverno. Dessa maneira existem poucas possibilidades de se perder a colheita, e então repete-se este ciclo novamente. O período da primavera, verão e outono é o tempo de oportunidade que a semente de trigo tem de virar espiga.

Kairós é uma palavra grega que significa oportunidade.

É o tempo de Deus. Tempo da oportunidade dada por Deus na vida de um homem. Tempo de Deus colocá-lo em evidência. Tempo de Deus usar uma pessoa na realização de sua obra. É um tempo específico, com a pessoa realizando uma missão específica num lugar específico.

É como aquela semente que foi semeada no inverno, e durante toda a duração do inverno ela fica "adormecida" debaixo da terra, aí na chegada da primavera ela germina e floresce, dando após isso, frutos com grande abundância.

Moisés desde muito cedo sentiu em seu coração um grande anseio de liberdade para si e para seu povo escravizado no Egito. Sabia em seu coração que poderia desencadear um processo de libertação e de independência de toda sua nação. Sentia-se um forte candidato a libertador de seu povo. Mas no "tempo errado" tentou conquistar esta posição, foi um total fracasso. Acabou assassinando um egípcio tendo que fugir às pressas para Midiã. Fugiu como bandido do Egito, mas sentia em seu coração um grande desejo de ver seu povo libertado. Esse desejo foi plantado por Deus em seu coração. Mas não era o tempo certo, não era o tempo de Deus.

O Kairós de Deus não havia chegado. Moisés foi para Midiã, apascentou gado, casou-se, tornou-se pai, o tempo passou..., quarenta anos se passaram. A semente estava adormecida num inverno de quarenta anos. A semente estava adormecida no coração do futuro legislador, profeta, sacerdote, juiz de Israel. Moisés não entende, tenta esquecer... Até que um dia ele escala o Horebe, o monte de Deus, e vê a sarça queimando e não se desfazendo, ouve a Voz, recebe o chamado, contempla a glória, recebe a vocação. O Kairós de Deus chegou, é agora! A semente arrebenta a casca e promete produzir uma árvore cujos frutos serão a liberdade, a fé, a esperança e a alegria para milhares de pessoas. Não será com espada, mas com cajado, não será com exércitos, mas com o poder d'Aquele que é Invisível, será com o poder da palavra do Deus Todo-Poderoso. Moisés desce daquela montanha temeroso, com o cajado de um pastor de gado nas mãos, mas que agora é o bastão de Deus que vai operar os maiores milagres de todos os tempos.

O sucesso da missão de Moisés, implicava ao desmoronamento de todo o sistema sócio-econômico da nação egípcia, tirando um dos principais meios de geração riquezas do Egito - a mão-de-obra escrava. Tinha que haver muita coragem e determinação no coração de Moisés para fazer o êxodo judeu; ele ia enfrentar o maior império daquela época. Para os egípcios, a liberdade dos judeus escravos, significava o fim do conforto, comodidade e prosperidade que vinha fácil por causa da escravidão. Os egípcios teriam de voltar a fazer o que os judeus escravos faziam. O governo de faraó teria de pagar salários para os cidadãos egípcios trabalharem e fazerem o que os judeus escravos faziam de graça. Este sistema tirânico de poder, teria que ser desfeito pois algo de demoníaco estava inserido nele, pois explorava gratuitamente as vidas humanas. Moisés desceu ao Egito, para enfrentar uma estrutura perversa que tinha demorado no mínimo meio milênio para ser montada. Dá para ter uma idéia da batalha física e espiritual que se travou naqueles dias.

O tempo obscuro em que Moisés viveu em Midiã, foram tempos difíceis de entender, mas foram fundamentais, como fase preparatória para aquilo que iria acontecer nos anos posteriores. Assim foi com Moisés, assim foi com José no Egito, assim foi com Davi, assim foi com Jesus Cristo, como também com Gandhi, grande revolucionário e pacifista da Índia, como também Nelson Mandela, que passou vinte e sete anos de sua vida na prisão antes de se tornar o primeiro presidente negro escolhido por voto direto na Africa do Sul, foi assim com Mikhail Gorbatchov, líder soviético, e a lista é quase infindável das pessoas que passaram anos se preparando antes de aparecerem em momentos decisivos da história.

Assim será com todos aqueles que se colocarem nas mãos de Deus para serem usados em seu grandioso propósito, do qual eu e você estamos incluídos.

O tempo pertence a Ele.

E também o Kairós.

E só Ele sabe quando...

Fim

Impressão e Acabamento
Com fotolitos fornecidos pelo Editor

EDITORA e GRÁFICA
VIDA & CONSCIÊNCIA

R. Santo Irineu, 170 • São Paulo • SP
✆ (11) 5549-8344 • FAX (11) 5571-9870
e-mail: gasparetto@snet.com.br
site: www.gasparetto.com.br

COLE AQUI

DOBRE DOBRE

COLE
O SELO
AQUI

Editora C Roka Ltda.
Rua Dr. Veiga Filho, 698
Santa Cecília – São Paulo – SP
CEP 01229-001

DOBRE DOBRE